中国式现代化"六观"丛书
丛书主编 姜 辉

中国式现代化的
历史观

宋月红 周进
/
著

重庆出版集团 重庆出版社

图书在版编目（CIP）数据

中国式现代化的历史观 / 宋月红,周进著. —重庆:重庆出版社,2023.12
ISBN 978-7-229-18093-5

Ⅰ.①中… Ⅱ.①宋… ②周… Ⅲ.①历史观—研究—中国 Ⅳ.①K092

中国国家版本馆CIP数据核字(2023)第192102号

中国式现代化的历史观
ZHONGGUO SHI XIANDAI HUA DE LISHI GUAN
宋月红　周　进　著

责任编辑:吴　昊　李欣雨
责任校对:刘小燕
装帧设计:刘沂鑫

重庆出版集团
重庆出版社　出版

重庆市南岸区南滨路162号1幢　邮政编码:400061　http://www.cqph.com
重庆出版社艺术设计有限公司制版
重庆天旭印务有限责任公司印刷
重庆出版集团图书发行有限公司发行
E-MAIL:fxchu@cqph.com　邮购电话:023-61520646
全国新华书店经销

开本:787mm×1092mm　1/16　印张:16.75　字数:210千
2023年12月第1版　2023年12月第1次印刷
ISBN 978-7-229-18093-5
定价:60.00元

如有印装质量问题,请向本集团图书发行有限公司调换:023-61520678

版权所有　侵权必究

中国式现代化"六观"丛书编委会

主　编　姜　辉
副主编　曹清尧　曾维伦　马然希　陈兴芜
编　委（以姓氏笔画排序）
　　　　田鹏颖　冯颜利　李　斌　别必亮　辛向阳
　　　　宋月红　张小平　张永生　张永和　林建华
　　　　周　进　徐久清　龚　云

为世界现代化理论与实践创新提供中国智慧

——中国式现代化"六观"的独特价值与贡献

姜 辉

概括提出并深入阐述中国式现代化理论,是我们党的重大理论创新,是科学社会主义的最新重大成果,极大丰富和发展了世界现代化理论。中国式现代化的成功开辟,走出了人类现代化历史上前所未有的新路,为世界各国提供了全新选择,这是人类发展历史上具有划时代意义的重大事件。中国式现代化对于世界现代化理论与实践创新的重大价值,对于人类社会发展的重大意义,会随着实践发展和时间推移越来越显现出来。

只有民族的才是世界的,只有引领时代才能走向世界。正如习近平总书记指出的:"中国式现代化,深深植根于中华优秀传统文化,体现科学社会主义的先进本质,借鉴吸收一切人类优秀文明成果,代表人类文明进步的发展方向,展现了不同于西方现代化模式的新图景,是一种全新的人类文明形态。中国式现代化,打破了'现代化=西方化'的迷思,展现了现代化的另一幅图景,拓展了发展中国家走向现代化的路径选择,为人类对更好社会制度的探索提供了中国方案。"①实践证明，中国式现代化走得通、行得稳，是强国建设、民族复兴的必由之路，是促进世界发展进步、为人类文明作出更大贡献的伟大创造。

一

实现现代化是近代以来中国人民矢志奋斗的梦想。中国共产党百余年来团结带领中国人民追求民族复兴的历史，也是一部不断探索现代化道路的历史。在新中国成立以来，特别是改革开放以来长期探索和实践基础上，经过党的十八大以来在理论和实践上的创新突破，中国共产党成功推进和拓展了中国式现代化。中国式现代化走出了人类历史上史无前例的实现现代化的新路，具有鲜明特征和独特优势。中国式现代化，是人口规模巨大的现代化，是全体人民共同富裕的现代化，是物质文明和精神文明相协调的现代化，是人与自然和谐共生的现代化，是走和平发展道路的现代化。中国式现代化切合中国实际，既体现了社会主义建设规律，也体现了人类社会发展规律。

一是充分发挥中国共产党领导和中国特色社会主义制度的显著优势。习近平总书记指出："'中国式现代化，是中国共产党领导的社会主义现代化。'这是对中国式现代化定性的话，是管总、管根本的。"②中国特色社会主义最本质的特征是中国共产党领导，中国特色社会主义制度的最大优势是中国共产党领导。党

---

① 《习近平在学习贯彻党的二十大精神研讨班开班式上发表重要讲话强调　正确理解和大力推进中国式现代化》，《人民日报》2023年2月8日。

② 习近平：《中国式现代化是中国共产党领导的社会主义现代化》，《求是》2023年第11期。

的领导直接关系中国式现代化的根本方向、前途命运、最终成败。中国共产党的领导和中国特色社会主义制度超越了西方关于市场与政府、国家与社会、集中权威与民主自由、公共领域与私人领域等机械的对立两分，形成了经济快速发展、社会和谐稳定、改革活力充沛等显著优势。这种优势不仅为如何实现现代化提供了成功经验，而且与一些发展中国家在现代化进程中遭遇的政治混乱和社会动荡形成了强烈而鲜明的对比。中国式现代化，从中国特殊的历史、国情和文化出发，注重发挥社会主义制度能够集中力量办大事的政治优势，调动一切积极因素，形成实现现代化的共同意志、共同目标、共同行动。无论是建立独立的比较完整的工业体系和国民经济体系，还是独立自主研制出"两弹一星"；无论是应对现代化进程中的一系列重大风险挑战，还是完成脱贫攻坚的艰巨任务，无不需要发挥举国体制优势，无不需要确保全国上下步调一致、集中力量、协同攻关。我们党坚持和完善中国特色社会主义制度，不断推进国家治理体系和治理能力现代化，为中国式现代化稳步前行提供了坚强的制度保证。

二是以实现人的全面发展和全体人民共同富裕为现实目标。习近平总书记强调："我们追求的发展是造福人民的发展，我们追求的富裕是全体人民共同富裕。"①中国式现代化是全体人民共同富裕的现代化，这是中国式现代化区别于西方现代化的显著标志。西方现代化的最大弊端，就是以资本为中心而不是以人民为中心，追求资本利益最大化而不是服务绝大多数人的利益，导致社会鸿沟拉大、两极分化严重、阶层凝滞固化。中国共产党坚持把人民对美好生活的向往作为奋斗目标，坚持以人民为中心的发展思想，着力保障和改善民生，让中国式现代化建设成果更多更

---

① 习近平：《在中共中央召开的党外人士座谈会上的讲话》，《人民日报》2015年10月31日。

公平地惠及全体人民，坚决防止两极分化。不断创造人民美好生活、逐步实现全体人民共同富裕，是新时代中国特色社会主义的鲜明特征。党的二十大明确了到2035年基本实现社会主义现代化时，人的全面发展、全体人民共同富裕取得更为明显的实质性进展。把全体人民共同富裕作为建设社会主义现代化强国的重要内容，是中国式现代化先进性和优越性的重要体现。

三是走和平发展道路，既发展自身又造福世界。习近平总书记指出："中国共产党坚持一切从实际出发，带领中国人民探索出中国特色社会主义道路。历史和实践已经并将进一步证明，这条道路，不仅走得对、走得通，而且也一定能够走得稳、走得好。我们将坚定不移沿着这条光明大道走下去，既发展自身又造福世界。"[①]中国共产党始终坚决反对帝国主义、殖民主义、霸权主义和强权政治，反对不平等的国际政治秩序，始终与广大发展中国家站在一起。新中国成立70多年来，中国没有主动挑起过任何一场战争和冲突，没有侵占过别国一寸土地，是唯一将和平发展写入宪法和执政党党章、上升为国家意志的大国。而西方国家的现代化，充满战争、贩奴、殖民、掠夺等血腥罪恶，给广大发展中国家带来深重苦难。中华民族经历了西方列强侵略、凌辱的悲惨历史，深知和平的宝贵，决不可能也决不会重复西方国家的老路。无数事实表明，中国式现代化道路完全超越"国强必霸"逻辑和"修昔底德陷阱"对抗，完全不同于资本主义国家的那种通过"血与火""剑与枪"的殖民掠夺和侵略战争手段开拓的现代化道路。

总之，中国式现代化是物质文明、政治文明、精神文明、社

[①] 习近平：《加强政党合作　共谋人民幸福——在中国共产党与世界政党领导人峰会上的主旨讲话》，《人民日报》2021年7月7日。

会文明和生态文明协调发展的现代化，创造了人类文明新形态。中国式现代化道路的成功开辟，不仅为人类提供了一条现代化崭新道路、模式和方案，而且为人类文明发展进步作出了重大贡献。

二

习近平总书记指出："中国式现代化蕴含的独特世界观、价值观、历史观、文明观、民主观、生态观等及其伟大实践，是对世界现代化理论和实践的重大创新。"[①]这一重大论断，从根本性、基础性、整体性、历史性上深刻揭示了中国式现代化的理念、观念、价值，以及世界观方法论，展现了中国式现代化不同于西方现代化模式的新内容、新特征、新图景。

中国式现代化蕴含的独特"六观"，是对西方现代化理论和实践的重大超越。从根本上说，西方现代化由于受资本主义制度及其基本矛盾的根本性局限，无法克服资本至上、弱肉强食、两极分化、霸道强权的本性和固有弊端。而中国式现代化在世界观、价值观、历史观、文明观、民主观、生态观上对西方现代化的超越，为世界现代化理论和实践创新作出了原创性贡献。比如，中国式现代化形成了人类命运与共、和平发展、合作共赢的世界观，在坚持维护世界和平与发展中谋求自身发展，又以自身发展更好维护世界和平与发展，倡导和平、发展、公平、正义、民主、自由的全人类共同价值，推动构建人类命运共同体。比如，中国式现代化坚持以人民为中心的价值观，以实现人的自由

[①]《习近平在学习贯彻党的二十大精神研讨班开班式上发表重要讲话强调　正确理解和大力推进中国式现代化》，《人民日报》2023年2月8日。

全面发展为最终目标,追求人民至上的价值导向,以满足人民日益增长的美好生活需要为出发点和落脚点,让现代化建设成果更多、更公平惠及全体人民,不断增强人民群众的获得感、幸福感、安全感。比如,中国式现代化坚持人类历史不断进步、最终实现人的全面发展和彻底解放的历史观,认为人类历史发展是生产力与生产关系、经济基础与上层建筑相互作用的结果,资本主义不是人类历史的"终结",而是人类社会历史发展的特定阶段,必然被更高的社会形态所取代。中国式现代化为中华民族伟大复兴开辟了广阔前景,也为人类对更好社会制度的探索,对人类解放、"美美与共,天下大同"提供中国方案。比如,中国式现代化倡导尊重文明多样性的文明观,坚持文明平等、互鉴、对话、包容,以文明交流超越文明隔阂、文明互鉴超越文明冲突、文明包容超越文明优越,彰显了独特而鲜明的文明观,是马克思主义文明观在新时代中国的创造性展现。比如,中国式现代化坚持全过程人民民主的民主观,主张广大人民群众共同管理国家和社会事务,反对建立在资本逻辑基础之上的虚假民主,反对服务于少数有产者的民主,展现了对民主这一全人类共同价值的全新理解,超越了当代西方民主,开辟了人类政治文明发展新境界。比如,中国式现代化坚持人与自然和谐共生的生态观,倡导尊重自然、顺应自然、保护自然,反对只讲索取不讲投入、只讲发展不讲保护、只讲利用不讲修复,深化了对生态文明发展规律的认识,继承和创新了马克思主义人与自然关系理论,极大丰富和拓展了马克思主义自然观和生态观。总之,中国式现代化蕴含的这些内涵丰富、内蕴深刻的理念观念和价值追求,集中彰显了中国式现代化的鲜明特征和独特优势,也为世界现代化理论和实践的重大创新提供了中国智慧和中国方案。

三

为帮助广大读者全面准确把握中国式现代化蕴含的独特世界观、价值观、历史观、文明观、民主观、生态观及其伟大实践，我们策划出版了"中国式现代化'六观'"丛书，从六个主题出发，也是从六个维度分别侧重研究中国式现代化，同时又形成密切联系、相互贯通的整体学理阐述，旨在讲清楚中国式现代化的理论和实践创新，讲清楚其鲜明特征、独特优势和重要价值、重大贡献，兼顾学理性和通识性，既是学术探讨，也是理论读物。

这套丛书具有鲜明特点。一是注重科学性。坚持唯物史观和大历史观，论从史出，史论结合，保证理论阐释的严谨性和史实叙述的准确性。二是注重权威性。坚持正确的政治方向、学术导向、价值取向，依据权威史料，传播富有说服力和感染力的中国理论、中国理念、中国价值。三是注重实践性。坚持解放思想、实事求是、守正创新，着眼于解决新时代改革开放和社会主义现代化建设的实际问题，得出符合客观规律的科学认识。四是注重前沿性。聚焦党和国家事业发展的重点、热点、焦点问题，深刻回答中国之问、世界之问、人民之问、时代之问，反映研究最新动态。五是注重创新性。在理论阐释、史料运用或历史叙事方面有新意，既把握宏观、讲清过程，又阐述经验、揭示规律。六是注重鲜活性。以精练适当的篇幅、通俗易懂的语言、鲜活生动的案例，向广大读者说清讲透中国式现代化蕴含的独特"六观"的深刻内涵和重大意义。

这套丛书具有重要的政治意义和理论价值。党的十八大以来，习近平总书记围绕中国式现代化发表一系列重要论述，立意高远，内涵丰富，思想深刻，进一步深化对中国式现代化的内涵和本质的认识，概括形成中国式现代化的中国特色、本质要求和重大原则，构建起中国式现代化的理论体系，使中国式现代化的图景更加清晰、更加科学、更加可感可行，对于深入研究、阐发中国式现代化理论具有十分重要的指导意义。这套丛书通过理论层面阐释中国式现代化蕴含的独特"六观"，有助于在生动的中国式现代化实践中构建出系统的理论图景，有助于体系化、整体化把握中国式现代化理论，有助于增进对党的创新理论的政治认同、思想认同、理论认同、情感认同。

这套丛书也具有重要的实践意义和现实价值。党的二十大明确指出，从现在起，中国共产党的中心任务就是团结带领全国各族人民全面建成社会主义现代化强国、实现第二个百年奋斗目标，以中国式现代化全面推进中华民族伟大复兴。全党要坚持党的基本理论、基本路线、基本方略不动摇，坚定道路自信、理论自信、制度自信、文化自信，坚持独立自主、自力更生，坚持道不变、志不改，既不走封闭僵化的老路，也不走改旗易帜的邪路，坚定不移走好自己的路，心无旁骛做好自己的事，坚持把国家和民族发展放在自己力量的基点上，坚持把中国发展进步的命运牢牢掌握在自己手中。这套丛书有助于从多维角度展现以中国式现代化全面推进中华民族伟大复兴的伟大实践，着重论述阐释中国式现代化基于我国国情的鲜明特色、独特优势和实践要求，有助于增强人们在党的领导下坚定不移走中国式现代化道路的自觉自信，坚定不移沿着中国式现代化道路奋勇开拓前进。

目 录

为世界现代化理论与实践创新提供中国智慧
——中国式现代化"六观"的独特价值与贡献　姜　辉 /1

导　论
中国式现代化蕴含独特的历史观 /1

一、正确历史观 /4

二、历史大势与时代潮流 /9

三、历史进程与鲜明特色 /12

四、历史地位与意义 /15

第一章
中国式现代化发展的历史逻辑 /19

一、中国式现代化发展历史逻辑之源 /21

（一）立足于中国国情和社会矛盾运动 /21

（二）坚守马克思主义魂脉 /28

（三）坚守中华优秀传统文化根脉 /35

二、中国式现代化发展历史逻辑之本 /42

（一）根本性质与奋斗目标 /42

（二）坚持和加强党的全面领导 /46

（三）坚持中国特色社会主义道路 /49

三、中国式现代化发展历史逻辑之轨 /51

（一）新民主主义革命为中国式现代化创造根本社会条件 /51

（二）新中国的成立和社会主义改造的完成为中国式现代化奠定根本政治前提和制度基础 /61

（三）改革开放和社会主义现代化建设为中国式现代化提供体制保证和物质条件 /67

四、中国特色社会主义新时代成功推进和拓展中国式现代化 /69

（一）理论体系的构建 /70

（二）战略体系的支撑 /76

（三）提供制度保证、物质基础和精神力量 /79

第二章
中国式现代化历史观的理论基础 /85

一、科学的唯物史观 /87

（一）现代化是客观的普遍的社会发展过程 /87

（二）中国式现代化道路是普遍性和特殊性的统一 /89

（三）执政党的建设水平是现代化成功与否的关键因素 /91

（四）中国式现代化的理论创新是持续进行的过程 /97

二、正确的党史观 /99

（一）坚持历史唯物主义 /99

（二）以马克思主义中国化时代化最新成果为指导 /103

（三）牢牢把握历史发展的主题主线、主流本质 /112

三、准确的大历史观 /117

（一）坚持历史发展的连续性与阶段性的辩证统一 /119

（二）从历史长河、时代大潮、全球风云中分析演变机理 /120

（三）把握新时代中国和世界发展大势 /122

第三章
坚持人民的历史主体地位 /125

一、坚持人民立场 /127

（一）人民性是马克思主义的本质属性 /127

（二）根基、血脉、力量在人民 /132

（三）遵循社会发展规律与尊重人民历史主体地位的一致性 /137

二、坚持人民至上 /142

（一）坚持以人民为中心的发展思想 /142

（二）发展全过程人民民主 /145

（三）实现全体人民共同富裕 /151

三、坚持人民主体地位是人民历史主体地位的生动体现 /158

（一）始终把人民摆在历史创造者的主体地位 /158

（二）始终把人民作为中国式现代化的推动力量 /160

（三）始终把人民作为实现中华民族伟大复兴的主体力量 /161

第四章
坚定历史自信，增强历史主动 /163

一、坚定历史自信 /165
（一）从人类社会发展史坚定对中国式现代化的历史自信 /165
（二）从中华文明发展史坚定对中国式现代化的历史自信 /168
（三）中国式现代化为人类实现现代化提供了新的选择 /169

二、弘扬历史主动精神 /171
（一）拥有马克思主义科学理论指导 /171
（二）全面准确把握中国式现代化的本质要求和重大原则 /173

三、坚持发扬斗争精神 /184
（一）中国共产党攻坚克难的制胜法宝 /184
（二）战胜前进道路上的各种困难和挑战 /189

第五章
以中国式现代化全面推进中华民族伟大复兴 /191

一、强国建设、民族复兴的唯一正确道路 /193
（一）中华民族伟大复兴进入了不可逆转的历史进程 /193
（二）实现中华民族伟大复兴的必然要求和必经阶段 /196
（三）守好中国式现代化的本和源、根和魂 /198

二、推进中国式现代化是一项系统工程和开创性事业 /202
（一）洞察世界发展大势 /202
（二）把握人民群众共同愿望 /209
（三）探索经济社会发展规律 /213
（四）坚持独立自主、自立自强 /216

三、中国式现代化光明前景、繁荣兴盛 /220

（一）中国式现代化走得通、行得稳 /220

（二）坚持中国式现代化的正确方向 /224

（三）坚持把国家和民族发展放在自己力量的基点上 /230

（四）中国式现代化彰显历史的必然性和多样性 /241

后 记 /246

导 论
中国式现代化蕴含独特的历史观

现代化是人类社会的必经阶段。实现现代化是人类社会文明进步的标志，也是世界各国特别是广大发展中国家孜孜以求的社会发展目标。中国式现代化作为世界现代化进程的重要组成部分，折射出现代化的诸多共性，反映了现代化过程中的一般性规律，也彰显了鲜明的中国特色。习近平总书记在学习贯彻党的二十大精神研讨班开班式上强调，中国式现代化蕴含的独特世界观、价值观、历史观、文明观、民主观、生态观等及其伟大实践，是对世界现代化理论和实践的重大创新。①

历史观，就是指以什么样的立场观点方法"观历史"。科学历史观中的"历史"不是停留在"过去"的狭义的理解，而是指一个发展着的时空概念、立体化的动态范畴，其意义不仅影响着"未来的历史"，而且决定着"历史的未来"。习近平总书记在党史学习教育动员大会上指出："树立大历史观，从历史长河、时代大潮、全球风云中分析演变机理、探究历史规律，提出因应的战略策略，增强工作的系统性、预见性、创造性。"②大历史观，是新时代对唯物史观活的运用和丰富发展。用大历史观看待中国式现代化，研究中国式现代化中蕴含的独特历史观，对于科学把握中国式现代化的历史进程、鲜明特征、科学内涵、发展规律和重要价值，以中国式现代化全面推进中华民族伟大复兴，具有重要的理论意义和现实意义。

中国式现代化蕴含的独特历史观，坚持唯物史观和正确党史观，坚持尊重社会发展规律和尊重人民历史主体地位的一致性，坚持中国共产党的全面领导，坚持人民至上，扎根中国大地，遵

---

① 《习近平在学习贯彻党的二十大精神研讨班开班式上发表重要讲话强调　正确理解和大力推进中国式现代化》，《人民日报》2023年2月8日。
② 习近平：《在党史学习教育动员大会上的讲话》，《求是》2021年第7期。

循历史发展大势，顺应川流不息的历史长河、浩浩荡荡的时代大潮，深刻彰显历史发展的内在机理和历史发展规律，把人民对美好生活的向往作为奋斗目标，把人民凝聚成推动中华民族伟大复兴的磅礴力量，以伟大历史主动精神推动中国式现代化行稳致远，在生产发展与社会全面进步相统一中、在推动实现中华民族伟大复兴和构建人类命运共同体中不断增强历史主动、历史自觉、历史自信，以中国式现代化全面推进中华民族伟大复兴。

一、正确历史观

"欲知大道，必先为史。"认识和研究历史，是人类智慧的重要源泉。马克思主义经典作家研究人类社会历史，发现了人类历史的发展规律，发现了现代资本主义生产方式和它所产生的资产阶级社会的特殊运动规律，并确立了唯物史观的基本立场、观点和方法，为人们认识和研究历史开辟了科学道路。习近平总书记在哲学社会科学工作座谈会上的讲话中指出，马克思主义揭示了事物的本质、内在联系及发展规律，是"伟大的认识工具"，是人们观察世界、分析问题的有力思想武器。[1]坚持以马克思主义为指导，是当代中国哲学社会科学区别于其他哲学社会科学的根本标志。

（一）坚持以唯物史观为指导

历史研究作为"一切社会科学的基础"，必须更加坚定、更

---

[1] 习近平：《在哲学社会科学工作座谈会上的讲话》，人民出版社2016年版，第9页。

加自觉地坚持马克思主义，始终高扬马克思主义唯物史观的光辉旗帜。正是在马克思主义的指导下，不论是中国历史研究，还是世界历史研究；也不论是中国古代史、近代史研究，还是中国现代史、当代史研究，都日益呈现出繁荣发展的局面。为继承和发展毛泽东思想，确立和发展中国特色社会主义理论体系、道路和制度，提供了重要思想材料，推动了马克思主义历史理论的丰富和发展。

马克思主义的实践观点和矛盾观点是唯物辩证法的基本点，是科学的世界观和方法论，是与形而上学根本对立的。毛泽东在新民主主义革命时期将这一世界观和方法论用于反对主观主义特别是教条主义，总结历史经验，确立和巩固党的思想路线，引领中国革命走向胜利。《实践论》和《矛盾论》这两篇光辉的历史文献，科学揭示了马克思主义中国化的哲学基础，集中阐述了马克思主义的实践观点、认识的发展规律、矛盾观点和矛盾分析方法。实践是推动历史发展的物质力量，矛盾则是历史发展的根本动因，而且实践是充满矛盾运动的实践，矛盾在实践中存在，在实践中产生，在实践中解决。实践与矛盾、实践问题与矛盾问题，是内在联系而不可分的。《实践论》强调实践观点是唯物辩证法认识论的首要的和基本的观点，论述的是唯物而辩证的认识论，《矛盾论》揭示的则是客观事物和实践主体发展的内在机理和基本逻辑，是实践和认识的辩证法。

从实践与认识的辩证统一中，可以将党史、新中国史的基本主题概括为马克思主义中国化与社会主义现代化建设。中国特色社会主义是改革开放以来党的全部理论与实践的主题。深刻认识和把握这一历史进程、内涵与本质，需要从当代中国社会矛盾问题入手，揭示中国社会矛盾的普遍性和特殊性及矛盾的发展变化。这样所反映的历史才是活的、具体的、合乎实际的，也是合乎前途光明、道路曲折这——一切正义事业发展的历史逻辑。

从实践的意义上说，党领导人民围绕"什么是中国式现代化""怎样建设中国式现代化"，进行中国式现代化探索、开创、推进和拓展的实践进程。这一实践把当代中国的昨天、今天和明天联系和贯通起来。它来自于人民，人民是实践的主体、历史的主人。党是这一实践的领导核心，党的领导是历史的选择、人民的选择，是中国特色社会主义最本质特征和最大政治优势，是推动当代中国和中华人民共和国史发展进步的根本政治前提和基础。

从矛盾的意义上说，中国式现代化是党领导人民从人类社会发展、世界社会主义发展和当代中国发展进步中，认识和处理人类社会基本矛盾、当代中国社会主要矛盾，并不断解决各种具体矛盾的社会历史发展进程。中国坚持什么样的主义，走什么样的路，要看其是否适合中国国情，是否能够解决当代中国社会中的矛盾和问题。我们通过新民主主义革命解决了旧中国半殖民地半封建社会的主要矛盾；通过社会主义改造确立了社会主义基本制度，在社会主义改造基本完成以后，我国所要解决的主要矛盾，是人民日益增长的物质文化需要同落后的社会生产之间的矛盾；改革开放使我国社会生产力水平明显提高，人民生活显著改善。经过长期努力，中国特色社会主义进入了新时代，我国社会主要矛盾已经转化为人民日益增长的美好生活需要和不平衡不充分的发展之间的矛盾。努力解决这一主要矛盾，必将实现"两个一百年"奋斗目标，逐步把我国建设成为富强民主文明和谐美丽的社会主义现代化强国。中华人民共和国史正是在不断认识和解决社会矛盾中向前发展的。

社会主要矛盾的转化是我们党治国理政的国情基础和决策依

据，也是深刻认识和把握中华人民共和国史发展的主题与主线、主流与本质的历史根据。增强实践观点和矛盾观点，有利于把握当代中国历史发展的根源与动力，揭示当代中国发展的历史逻辑、政治逻辑和理论逻辑，有利于透过现象看本质、通过矛盾的普遍性与特殊性总结历史经验，从而深刻揭示共产党执政规律、社会主义建设规律和人类社会发展规律。

中国式现代化坚持实践观点和矛盾观点，运用唯物辩证法，推动理论发展和方法论建设。比如，坚持运用对立统一规律、质量互变规律、否定之否定规律，以及科学认识蕴含在中国式现代化发展中的现象与本质、形式与内容、原因与结果、根据与条件、可能与现实、偶然与必然、主题与主线、主流与支流等各种范畴的内涵与特征。

（二）树立正确党史观

党的历史同党和国家的整个历史、中国式现代化的历史是分不开的，也同人们的世界观、人生观和价值观的培育养成紧密地联系在一起。不同的党史观，对"何为党史"这一问题就会有不同乃至截然相反的回答，进而影响到对党的历史发展中的理论与实践问题的认识和处理。能否坚持以唯物史观为指导，把科学社会主义理论逻辑和中国社会发展历史逻辑相统一，坚持人民历史主体地位，准确把握党的历史、中国式现代化历史发展的主题主线、主流本质，是党史观合乎党的历史发展与否、正确与否的试金石。

2021年2月20日，习近平总书记在党史学习教育动员大会上指出："要坚持以我们党关于历史问题的两个决议和党中央有关精神为依据，准确把握党的历史发展的主题主线、主流本质，正确认识和科学评价党史上的重大事件、重要会议、重要人物。"①对于历史问题，中国共产党总是坚持实事求是的思想路线，分清主流、支流，坚持真理、修正错误，发扬经验、吸取教训，在这个基础上把党和人民事业继续推向前进。

正确党史观坚持将马克思主义关于历史科学的基本理论与方法具体运用到对党史、新中国史、中国式现代化历史的认识和研究中，把党的理想信念、初心使命同中国人民和中华民族的前途命运紧密结合起来，把党的自我革命和推动社会革命统一起来，深刻反映其历史逻辑、理论逻辑和实践逻辑，探索和揭示共产党执政规律、社会主义建设规律和人类社会发展规律。

正确党史观深刻揭示，党史就是中国共产党成立以来，在马克思主义指导下领导全国各族人民进行中国革命、建设和改革，推进马克思主义中国化和中国式现代化，开辟新民主主义革命道路、社会主义革命道路、社会主义建设道路、中国特色社会主义道路，建立新中国、实行改革开放，开创、坚持和发展中国特色社会主义，实现中华民族伟大复兴的创业史、探索史和奋斗史，是永葆党的先进性、纯洁性的自身建设和发展壮大史。

树立正确党史观，要站在我国社会发展的历史方位，面向中华民族伟大复兴战略全局和世界百年未有之大变局，坚持实事求是精神，牢牢把握党史的主题主线、基本内涵和精神实质，不断深化对党情国情世情和中国社会发展规律的认识，全面把握整个社会的基本面貌和发展方向；要围绕党的自我革命推动社会革命的理论与实践，根据党领导人民建设社会主义现代化强国、实现中华民族伟大复兴的奋斗历程和伟大成就，正确认识和把握为什么历史和人民选择了中国共产党的领导，为什么必须坚持走中国特色社会主义道路、走中国式现代化道路，为什么要实现中华民

---

① 习近平：《在党史学习教育动员大会上的讲话》，《求是》2021年第7期。

族伟大复兴，站在历史的深厚基础上，推动党和国家事业更加坚定地走向未来。

二、历史大势与时代潮流

历史发展有规律可循。历史规律生成并作用于人的物质生产实践之中，历史过程既是不以人的主观意志为转移的客观过程，同时又是历史主体发挥积极性、主动性、创造性的能动过程。历史规律体现为历史必然性与历史主体能动性的辩证统一。中国式现代化是中国共产党团结带领中国人民顺应历史大势，以自信自立的历史自觉和历史主动精神独立自主探索开辟出来的。

习近平总书记在党史学习教育动员大会上强调指出："历史发展有其规律，但人在其中不是完全消极被动的。只要把握住历史发展规律和大势，抓住历史变革时机，顺势而为，奋发有为，我们就能够更好前进。"[1]这一重要论断，为我们深刻认识党的百年历史提供了根本遵循，也为我们进一步把握历史发展规律和大势，始终掌握党和国家事业发展的历史主动，提供了科学指南。

在中国共产党一百多年非凡的奋斗历程中，我们党始终以马克思主义基本原理分析把握历史大势，正确处理中国和世界的关系，善于抓住和用好各种历史机遇，因势利导、顺势而为，始终掌握事业发展的历史主动，带领近代以来久经磨难的中华民族迎来了从站起来、富起来到强起来的伟大飞跃，迎来了实现中华民族伟大复兴的光明前景。

中国共产党的诞生，是把握历史大势、掌握历史主动的必然

---

[1] 习近平：《在党史学习教育动员大会上的讲话》，《求是》2021年第7期。

产物。俄国十月革命的胜利、社会主义的兴起，反映了当时的世界大势。十月革命一声炮响，给我们送来了马克思列宁主义，使正处于彷徨和苦闷中的中国人民看到了民族解放的希望。在十月革命的影响下，在马克思列宁主义同中国工人运动相结合的过程中，中国共产党应运而生。我们党从无产阶级革命这个世界大势中产生出来，走在了时代前列，成为时代的弄潮儿。

党领导取得新民主主义革命胜利、建立中华人民共和国，是把握历史大势、掌握历史主动的必然结果。中国共产党在成立之初，就制定出反帝反封建的民主革命纲领，因应革命形势，积极推动第一次国共合作，掀起轰轰烈烈的大革命浪潮。抗日战争时期，中国共产党从世界反法西斯战争和中国人民抗日救亡强烈愿望的大势出发，准确把握国内主要矛盾和阶级关系的新变化，促成了抗日民族统一战线的形成，实现了由国内革命战争向民族解放战争的重大转变，并最终团结带领人民赢得了中国人民抗日战争的伟大胜利。抗战结束后中华民族面临着两个前途、两种命运的决战，中国共产党顺应时代潮流和人民意愿，发表《对目前时局的宣言》，明确提出和平、民主、团结的口号。国民党反动派悍然发动全面内战后，中国共产党又准确把握民心所向和大势所趋，及时提出"打倒蒋介石，解放全中国"的口号，以摧枯拉朽之势夺取新民主主义革命的全国性胜利，建立了新中国。

中国共产党领导进行社会主义革命和建设，是把握历史大势、掌握历史主动的必然方向。20世纪四五十年代，社会主义发展壮大，亚非拉被压迫民族的解放运动风起云涌，出现了"东风压倒西风"的气象。沐浴着这个东风，新中国诞生并站住了脚。新中国的成立，冲破了帝国主义在东方的战线，极大地改变了世界的政治格局，壮大了世界和平民主和社会主义的力量，鼓舞了世界被压迫民族和被压迫人民争取解放的斗争。新中国成立后，党适时提出了过渡时期总路线，实行"一化三改"，进行社会主义改造。社会主义基本制度确立后，党基于战后总体和平的国际环境，准确把握人民对于建立先进的工业国的要求同落后的农业国的现实之间的矛盾，开始探索适合我国情况的社会主义建设道路，尽管其间经历过曲折，但仍取得了独创性理论成果和巨大成就。特别是20世纪70年代，党中央顺应国际形势重大变化，及时调整外交战略，提出关于"三个世界"的战略思想，推动外交工作打开新局面，对此后我国发展产生了广泛而深远的影响。

党实行改革开放、进行社会主义现代化建设，是把握历史大势、掌握历史主动的必然抉择。作出改革开放的重大决策，是基于我们党对时代潮流的深刻洞察。当时，世界经济科技快速发展，我国发展同国际先进水平的差距明显拉大，邓小平说："我们要赶上时代，这是改革要达到的目的。"①我们党对世界大势进行科学判断，确立了和平与发展是时代主题的新认识，作出了把党和国家工作中心转移到经济建设上来、实行改革开放的历史性决策，实现了新中国成立以来中国共产党的历史上具有深远意义的伟大转折，开启了我国改革开放和社会主义现代化建设新时期。

党开创中国特色社会主义新时代，是把握历史大势、掌握历史主动的必然趋势。进入21世纪的第二个十年，我国与世界的关系发生历史性深刻变化，国内改革发展进入关键时期。在以习近平同志为核心的党中央坚强领导下，我们党顺应人民对美好生活的新期待，顺应改革发展稳定的国内大势，顺应和平发展、合作共赢的国际大势，统筹推进"五位一体"总体布局、协调推进"四个全面"战略布局，提出并积极推动构建新型国际关系、

---

① 《邓小平文选》第3卷，人民出版社1993年版，第242页。

构建人类命运共同体、共建"一带一路"，促进全球治理体系变革，推动党和国家事业发生历史性变革、取得历史性成就，乘势而上开启全面建设社会主义现代化国家新征程，充分体现了把握历史大势、掌握历史主动的坚定、清醒和政治自觉。

习近平总书记指出："一个国家能不能富强，一个民族能不能振兴，最重要的就是看这个国家、这个民族能不能顺应时代潮流，掌握历史前进的主动权。"①从我们党百年奋斗的历史经验看，坚持正确的世界观、历史观、大局观、角色观，不断增强工作的系统性、预见性、创造性至关重要，这是把握历史大势、掌握历史主动的内在要求。在时代的前进潮流中把握主动、赢得未来。准确把握新发展阶段、深入贯彻新发展理念、加快构建新发展格局，是以习近平同志为核心的党中央立足中华民族伟大复兴战略全局和世界百年未有之大变局，把握我国未来发展主动权作出的战略性判断、战略性布局和战略性抉择，是我们在时代前进的潮流中把握主动、赢得未来的关键。②

三、历史进程与鲜明特色

实现现代化是世界历史发展的必然趋势和中华民族伟大复兴的必由之路。近代以来，中国的地主阶级革新派、资产阶级改良派和资产阶级革命派相继走上现代化的探索之路，但由于自身的局限性，他们难以完成历史使命，重担落在中国共产党身上。中国共产党领导人民进行新民主主义革命，实现民族独立和人民解

---

① 《习近平谈治国理政》第2卷，外文出版社2017年版，第210页。
② 曲青山：《把握历史大势 掌握历史主动》，《求是》2021年第11期。

放，建立新中国，开启中国式现代化的探索。党的二十大报告指出："在新中国成立特别是改革开放以来长期探索和实践基础上，经过十八大以来在理论和实践上的创新突破，我们党成功推进和拓展了中国式现代化。"①中国式现代化肇始于新民主主义革命时期，启动于新中国成立，形成于改革开放，拓展于新时代，经历了不断丰富、逐步深化的历程。

毛泽东在党的七届二中全会上的讲话中就明确提出"使中国稳步地由农业国转变为工业国，把中国建设成一个伟大的社会主义国家"②的任务。实现农业国向工业国转变，实质上就是实现现代化。社会主义革命和建设时期，"四个现代化"目标的提出和部署，形成了独立的比较完整的工业体系和国民经济体系，为开启中国工业化道路破题，为中华民族真正站立起来奠定坚实物质基础，也为中国式现代化的形成提供理论准备和宝贵经验。整体上看，这一时期的现代化由于不能完全摆脱苏联现代化模式的影响而过分强调发展重工业，但处在社会主义革命和建设时期的中国已经开始自己走以工业化为主要标志的现代化道路。

改革开放和社会主义现代化建设新时期，邓小平为表明中国不同于西方的实际和特色，创新使用了"中国式的现代化"，后来使用指代"中国式的现代化"的"小康社会""小康之家"这些富有中华优秀传统文化内涵、群众喜闻乐见的名词概念，更加清晰地凸显出中国式现代化的民族性和人民性。"解决温饱""达到小康""比较富裕"这"三步走"战略目标的提出，首先注重解决人民群众的温饱问题，将现代化与人民群众的切身利益和生

---

① 习近平：《高举中国特色社会主义伟大旗帜　为全面建设社会主义现代化国家而团结奋斗——在中国共产党第二十次全国代表大会上的报告》，《人民日报》2022年10月26日。
② 《毛泽东选集》第4卷，人民出版社1991年版，第1437页。

活富裕紧密联系，实现从强调国家重工业发展向人民生活水平提高的转变，作出符合中国国情的道路选择，标志着中国开始走自己的路，奠基和形成真正意义上的中国式现代化。

中国特色社会主义进入新时代，以习近平同志为核心的党中央围绕着建设什么样的社会主义现代化强国和怎样建设社会主义现代化强国的时代课题，明确新时代新征程中国共产党的中心任务是以中国式现代化全面推进中华民族伟大复兴。战略安排上，党的十九大报告将"三步走"战略目标中的第三步细化为新"两步走"：第一步，在全面建成小康社会基础上，从2020年到2035年，用15年基本实现社会主义现代化；第二步，从2035年到21世纪中叶，再用15年全面建成富强民主文明和谐美丽的社会主义现代化强国。新"两步走"发展战略体现了中国速度和中国自信，它是基于改革开放40多年来，特别是新时代10年，中国取得的全方位、开创性成就和深层次、根本性变革作出的正确判断。

习近平总书记在党的二十大报告中提出了"中国式现代化"的重大论断并对其进行了深刻阐释。中国特色社会主义新时代，习近平总书记创造性地对中国式现代化的中国特色、本质要求、重大原则、战略部署等重大理论和现实问题作出了系统深邃的科学阐释，在理论和实践上全面推进中国式现代化的丰富发展，实现了中国式现代化的新突破。中国式现代化是中国共产党领导的社会主义现代化，具有人口规模巨大、全体人民共同富裕、物质文明和精神文明相协调、人与自然和谐共生、走和平发展道路这五大"基于自己国情的中国特色"。中国式现代化的本质要求是：坚持中国共产党领导、坚持中国特色社会主义、实现高质量发展、发展全过程人民民主、丰富人民精神世界、实现全体人民共同富裕、促进人与自然和谐共生、推动构建人类命运共同体、创造人类文明新形态。中国式现代化遵循的重大原则是：坚持和加强党的全面领导、坚持中国特色社会主义道路、坚持以人民为中心的发展思想、坚持深化改革开放、坚持发扬斗争精神。①这些理论，是党的二十大基于中国国情、中国现实的一个重大理论创新，是科学社会主义的最新重大成果，体现了我国现代化发展方向，是对全球现代化理论的重大创新，对于鼓舞动员全国上下坚定信心、锐意进取，不断夺取全面建设社会主义现代化国家新胜利，具有重大的现实意义和深远的历史意义。

四、历史地位与意义

现代化是人类文明发展到一定阶段的必然趋势。历史和现实表明，西方式的、资本主义的现代化发展模式已经暴露出深层次的危机，不能继续引领人类文明的发展方向。中国式现代化是中国共产党领导的社会主义现代化，具有自己的文化渊源和先进本质，能够主动借鉴吸收人类一切优秀文明成果，代表了人类文明进步的新方向，打破了现代化等于西方化的迷思，为人类实现现代化提供了新的选择，既是实现中华民族伟大复兴的光明大道，也是推进人类社会更好发展的人间正道。

中国式现代化根植于中华优秀传统文化。每个国家和民族的历史传统、文化积淀、基本国情不同，其发展道路必然有着自己的特色。现代化不是无本之木、无源之水，失掉本国传统的底

---

① 习近平：《高举中国特色社会主义伟大旗帜　为全面建设社会主义现代化国家而团结奋斗——在中国共产党第二十次全国代表大会上的报告》，《人民日报》2022年10月26日。

色，难以打牢现代化的根基。中华优秀传统文化是中华民族的精神命脉，是中华民族的根与魂，反映了中华民族深层次的精神追求，是我们在世界文化激荡中站稳脚跟的坚实根基。中华优秀传统文化中的"天行健，君子以自强不息""天下兴亡，匹夫有责""己所不欲，勿施于人""老吾老以及人之老，幼吾幼以及人之幼"等思想理念、价值观念，都有其永不褪色的时代价值，都是我们不断走向现代化的精神依托。以中华优秀传统文化涵养的中国式现代化始终充满蓬勃的生机。在推进中国式现代化过程中，一定要充分挖掘、传承、汲取中华优秀传统文化，把马克思主义基本原理同中华优秀传统文化相结合，增强我们发展前行的底气。

中国式现代化彰显了科学社会主义的先进本质。邓小平指出："我们搞的现代化，是中国式的现代化。我们建设的社会主义，是有中国特色的社会主义。"[1]中国式现代化是中国共产党领导的社会主义现代化。中国式现代化不是以资本为中心的现代化、不是两极分化的现代化、不是物质主义膨胀的现代化、不是对外扩张掠夺的现代化，既不同于西方资本主义性质的现代化，也与苏联等传统社会主义国家的现代化有所区别。中国式现代化既坚持了科学社会主义的基本原则，又具有鲜明的中国特色，推动物质文明、政治文明、精神文明、社会文明、生态文明协调发展，是科学社会主义的重大创新成果。

中国式现代化借鉴吸收人类一切优秀文明成果。中国式现代化不是故步自封、孤芳自赏的现代化，并不排斥人类优秀文明成果，而是以海纳百川的胸怀大胆吸收借鉴一切符合国情的人类优秀文明成果。作为中国式现代化的引领者，中国共产党在现代化

---

[1]《邓小平文选》第3卷，人民出版社1993年版，第29页。

建设过程中始终以世界眼光关注人类文明发展，不断吸收更多人类优秀文明成果以丰富和发展中国式现代化，这与资本主义国家现代化发展过程中排斥甚至抵制其他文明形态形成鲜明对比。人类历史上，一些资本主义国家为了维护自身现代化发展取得的既得利益，把自己的价值观视为人类文明的样板，把自己的文明和文化凌驾于别国的文化和文明之上，以血腥和暴力对待其他国家的文明成果，推行所谓"普世价值"，罔顾国际公理和正义，实际上延缓了人类现代化文明向前发展的进程。

中国式现代化提供了不同于西方的现代化方案。西方发达国家用了近300年的时间才基本实现了现代化，西方国家的现代化之路也被一些人认为是通往现代化的唯一道路，被奉为所谓的"现代化的标杆和范式"。但实际上，这个世界根本没有放之四海而皆准的现代化之路，每个国家的具体国情不同，现代化之路也会不同。现代化不等于西方化。西方资本主义国家的现代化，建立在对外殖民掠夺、对内残酷剥削的基础上。为了获取利润，资本家采取各种手段剥削工人的剩余价值，劳动人民和资产阶级的矛盾、资本主义国家和发展中国家的矛盾贯穿资本主义国家的现代化过程。人类历史已经充分证明西方式现代化的弊病和短板，西方现代化道路的问题越来越明显地暴露在世人面前，面对金融危机等重大经济社会治理问题，"中国之治"和"西方之乱"形成鲜明对比。

习近平总书记指出："走自己的路，是党的全部理论和实践立足点，更是党百年奋斗得出的历史结论。"[1]党的百余年奋斗史告诉我们，坚持独立自主，是中国人民从近代以来的深重苦难成功走向涅槃重生的关键所在。历史证明，靠依附别人实现现代化

---

[1] 习近平：《在庆祝中国共产党成立100周年大会上的讲话》，人民出版社2021年版，第13页。

不可行，靠照搬照抄实现现代化不可取。社会主义现代化，要依靠中国共产党带领中国人民独立自主、艰苦奋斗来实现。要坚持把国家和民族的发展放在自己力量的基点上，坚持把我国发展进步的命运牢牢掌握在自己手中。在中国共产党领导下，通过对现代化实践、价值、制度的创新，中国式现代化创造了一种人类文明新形态，给人类社会实现现代化提供了全新的选择，是对世界现代化理论和实践的重大创新。

第一章

中国式现代化发展的历史逻辑

习近平总书记在党的二十大报告中强调："在新中国成立特别是改革开放以来长期探索和实践基础上，经过十八大以来在理论和实践上的创新突破，我们党成功推进和拓展了中国式现代化。"①中国共产党立足于中国国情和社会矛盾运动，对中国式现代化进行了艰辛探索、开创、推进和拓展。

一、中国式现代化发展历史逻辑之源

（一）立足于中国国情和社会矛盾运动

国情是对一个国家的经济、社会等客观现实情况的总体认知与宏观概述。国情既是动态变化的，又在一定历史时期和实践条件下保持长期稳定性。国情发展既遵循历史客观规律，又必然会呈现出不同时代的特殊样貌。正确认识与把握基本国情、社会主要矛盾，确定并解决时代中心任务是贯穿党的各个历史时期的一条基本线索，也是党和人民事业沿着正确方向前进的基本前提。

回顾历史可以发现，对社会性质进行分析研判既是我们党观察和理解社会问题的基本方法，也是党研究现实国情的重要依据和基本前提。1939年12月，毛泽东在论述中国革命的对象、性质、动力和前途等问题时就提出："认清中国社会的性质，就是说，认清中国的国情，乃是认清一切革命问题的基本的根据。"②社会性质体现和反映着一个国家的基本国情。国情深刻影响着社

---

① 习近平：《高举中国特色社会主义伟大旗帜　为全面建设社会主义现代化国家而团结奋斗——在中国共产党第二十次全国代表大会上的报告》，《人民日报》2022年10月26日。

② 《毛泽东选集》第2卷，人民出版社1991年版，第633页。

会性质，而社会性质的改变必然带动国情发生革命性的巨大变革。因此，正确理解中国的社会性质是认清现实国情的关键。

在新民主主义革命时期，中国马克思主义先驱李大钊十分注重从中国的国情出发，认识和解决中国的问题，进而逐步走上了推进马克思主义中国化时代化的发展道路。他主张："一个社会主义者，为使他的主义在世界上发生一些影响，必须要研究怎么可以把他的理想尽量应用于环绕着他的实境。"[1]以毛泽东同志为核心的党的第一代中央领导集体全面、准确地把握了我国处于半殖民地半封建社会这一基本国情，正确地解决了新民主主义革命的对象、任务、性质、动力和前途等一系列基本问题，找到了农村包围城市、武装夺取政权这一条符合中国国情的革命道路，引导中国革命取得了胜利。

新中国成立后，中国共产党成功地进行了社会主义改造，在中国建立社会主义社会基本制度，"为当代中国一切发展进步奠定了根本政治前提和制度基础"。此后，毛泽东对中国社会发展阶段问题进行了深刻思考并提出了新的判断：一是把建立社会主义社会基本制度同建成社会主义社会区别开来。1957年他说过："新的社会制度还刚刚建立，还需要一个巩固的时间。不能认为新制度一旦建立起来就完全巩固了，那是不可能的。"[2]同年7月，毛泽东在《一九五七年夏季的形势》一文明确提出："必须懂得，在我国建立一个现代化的工业基础和现代化的农业基础，从现在起，还要十年至十五年。只有经过十年至十五年的社会生产力的比较充分的发展，我们的社会主义的经济制度和政治制度，才算获得了自己的比较充分的物质基础（现在，这个物质基

---

[1]《李大钊文集》第3卷，人民出版社1999年版，第3页。
[2]《毛泽东文集》第7卷，人民出版社1999年版，第268页。

础还很不充分），我们的国家（上层建筑）才算充分巩固，社会主义社会才算从根本上建成了。现在还未建成，还差十年至十五年时间。"①毛泽东这个判断虽然在时间上的估计短了一点，但基本上是正确的。必须有社会生产力比较充分的发展，才能获得社会主义制度比较充分的物质基础，并且把新社会制度的建立和建成适当区分，较之斯大林把建立社会主义社会制度与建成社会主义社会等同起来的观点更为准确。二是把建成社会主义划分为两个阶段。1958年冬，毛泽东在读苏联《政治经济学教科书》下册时，继续对社会主义社会发展阶段进一步研究，他提出："建成社会主义，也有一个'边'，要有笔账……社会主义这个阶段，又可能分为两个阶段，第一个阶段是不发达的社会主义，第二阶段需要更长的时间。"②这个观点对于社会主义初级阶段的判断很有启迪作用。然而，这些理论判断，未能进一步深化与拓展。此后的20年间，出现了两次大挫折。其根本原因在于脱离了中国实际，不能正确认识中国基本国情，违背了客观规律，给经济社会发展造成了严重损失。

党的十一届三中全会以后，党深刻总结世界社会主义特别是我国社会主义建设正反两方面经验，继续探索建设社会主义的正确道路，科学认识并制定了符合中国基本国情的路线方针政策，作出我国正处于并将长期处于社会主义初级阶段的重大判断，并据此提出了党的基本路线，开辟了改革开放和社会主义现代化建设的崭新局面。这是我国的基本国情，是我们党制定正确路线、方针、政策的出发点，是坚持中国正确发展道路的根本依据。社会主义初级阶段的论断包括两层含义：一是我国已经进入社会主

---

① 《建国以来重要文献选编》第10册，中央文献出版社1994年版，第491页。
② 《毛泽东文集》第8卷，人民出版社1999年版，第116页。

义社会，我们必须坚持而不能离开社会主义；二是我国的社会主义社会正处于并将长期处于初级阶段，我们必须正视而不能越过这个初级阶段。以此为出发点和根本依据，我们党确立了党在社会主义初级阶段的"以经济建设为中心，坚持四项基本原则，坚持改革开放"的基本路线。在党的基本理论、基本路线的指引下，我们党又制定了社会主义初级阶段的基本纲领，总结形成了弥足珍贵的基本经验。党的基本理论、基本路线、基本纲领、基本经验，不断深化、拓展和丰富了中国特色社会主义道路的内涵。

党的十八大以来，我国在长期奋斗的基础上统筹推进"五位一体"总体布局、协调推进"四个全面"战略布局，推动党和国家事业取得历史性成就、发生历史性变革，推动中国特色社会主义进入了新时代。但是，我国仍处于并将长期处于社会主义初级阶段的基本国情没有变，我国是世界上最大发展中国家的国际地位没有变。这是我们谋划发展的基本依据。①

解决社会主要矛盾是推动社会向前发展的主要方式。善于抓住社会主要矛盾和中心任务带动全局工作是党的百年奋斗历程中积累的一条重要历史经验。习近平总书记强调，党的百年奋斗历程告诉我们，党和人民事业能不能沿着正确方向前进，取决于我们能否准确认识和把握社会主要矛盾、确定中心任务。②党的十九届六中全会通过的《中共中央关于党的百年奋斗重大成就和历史经验的决议》贯通百年党史，紧紧围绕实现中华民族伟大复兴的主题，系统总结了党在四个历史时期面临的主要任务和对社会主要矛盾的判断与解决，对党善于抓住社会主要矛盾和中心任务

---

① 习近平：《论中国共产党历史》，中央文献出版社2021年版，第127—128页。
② 《习近平在省部级主要领导干部学习贯彻党的十九届六中全会精神专题研讨班开班式上发表重要讲话强调 继续把党史总结学习教育宣传引向深入更好把握和运用党的百年奋斗历史经验》，《人民日报》2022年1月12日。

带动全局工作进行了全面分析。一百多年来，党对社会主要矛盾和中心任务的把握，随着实践和认识的发展逐步成熟。

新民主主义革命时期，党正确判断社会主要矛盾是帝国主义和中华民族的矛盾、封建主义和人民大众的矛盾；明确主要任务是反对帝国主义、封建主义、官僚资本主义，争取民族独立、人民解放。在残酷的革命斗争中，以毛泽东同志为主要代表的中国共产党人，把马克思列宁主义基本原理同中国具体实际相结合，总结经验教训，推进理论创新，创立了毛泽东思想，为夺取新民主主义革命胜利指明了方向。对马克思主义矛盾学说的发展创新是毛泽东思想的重要组成部分，毛泽东等中国共产党人对当时中国社会的主要矛盾做了深入而准确的分析，从而进一步明确了革命斗争的中心任务。1937年8月，毛泽东在《矛盾论》中指出："半殖民地的国家如中国，其主要矛盾和非主要矛盾的关系呈现着复杂的情况。"[①]当帝国主义发动侵略战争，帝国主义和被侵略国之间的矛盾成为主要矛盾，国内各阶级的矛盾便暂时降到次要和服从的地位。当帝国主义不用战争压迫，外国帝国主义和国内反动派同人民大众之间的矛盾成为主要矛盾，规定或影响其他矛盾的发展状态。1939年12月，毛泽东在《中国革命和中国共产党》中对中国近百年的社会性质和矛盾作了详尽分析，明确提出："帝国主义和中华民族的矛盾，封建主义和人民大众的矛盾，这些就是近代中国社会的主要的矛盾。"[②]在准确把握了社会主要矛盾的基础上，中国共产党领导人民取得了抗日战争和解放战争的胜利，推翻了帝国主义、封建主义、官僚资本主义三座大山，成立了中华人民共和国，实现了民族独立、人民解放，宣告中华

---

① 《毛泽东选集》第1卷，人民出版社1991年版，第320页。
② 《毛泽东选集》第2卷，人民出版社1991年版，第625页。

民族和中国人民从此站起来了，实现了中国从几千年封建专制政治向人民民主的伟大飞跃，为实现中华民族伟大复兴创造了根本社会条件。

新中国成立后，我国社会进入到社会主义革命和建设时期。在社会主义改造中，党提出"在打倒地主阶级和官僚资产阶级以后，中国内部的主要矛盾即是工人阶级和民族资产阶级的矛盾"[1]。进入社会主义社会后，党的八大关于政治报告的决议中明确指出："我们国内的主要矛盾，已经是人民对于建立先进的工业国的要求同落后的农业国的现实之间的矛盾，已经是人民对于经济文化迅速发展的需要同当前经济文化不能满足人民需要的状况之间的矛盾。"[2]党的八大关于社会主要矛盾的正确判断开启了全面建设社会主义的高潮，"一五"计划提前完成，"二五"计划建设成效显著。对于中国共产党来说，进行社会主义建设是一个全新的探索。在此过程中，以毛泽东同志为主要代表的中国共产党人进一步发展了马克思主义矛盾学说，创立了社会主义社会矛盾理论，集中反映在《论十大关系》《关于正确处理人民内部矛盾的问题》等文献中。开创性地提出社会主义社会也存在着矛盾，要正确区分敌我矛盾和人民内部矛盾。这些理论成果对我国社会主义建设事业的发展具有深远的指导意义。尽管此后对我国社会主要矛盾的判断出现了偏差，社会发展遭遇了严重挫折，但总体来看，这一时期党领导人民自力更生、发愤图强，建立了社会主义基本制度，建成了独立的比较完整的工业体系和国民经济体系，"实现了一穷二白、人口众多的东方大国大步迈进社会主

---

[1]《毛泽东文集》第6卷，人民出版社1999年版，第75页。
[2] 中共中央党史研究室：《中国共产党的九十年（社会主义革命和建设时期）》，中共党史出版社2016年版，第473页。

义社会的伟大飞跃",①为实现中华民族伟大复兴奠定了根本政治前提和制度基础。

改革开放和社会主义现代化建设新时期,党及时总结正反两方面历史经验教训,肯定了党的八大对我国社会主要矛盾的正确判断,进行了全方位的拨乱反正,把党和国家的中心工作转移到以经济建设为中心的社会主义现代化建设上来。1981年6月,党的十一届六中全会一致通过了《关于建国以来党的若干历史问题的决议》,明确指出:"在社会主义改造基本完成以后,我国所要解决的主要矛盾,是人民日益增长的物质文化需要同落后的社会生产之间的矛盾。"②这一论断为党和国家长期坚持以经济建设为中心的发展战略提供了理论依据。基于对我国国情和社会主要矛盾的正确判断,党坚持社会主义初级阶段基本路线,不断解放和发展生产力,领导人民解放思想、锐意进取,形成了中国特色社会主义理论体系,创造了改革开放和社会主义现代化建设的伟大成就。

中国特色社会主义进入新时代,党作出我国社会主要矛盾已经转化的重大政治判断,面对"实现两个百年奋斗目标"的主要任务,已经实现了第一个百年奋斗目标,迈上实现第二个百年奋斗目标新征程。党的十八大以来,中国特色社会主义进入新时代。党的十九大对我国社会主要矛盾作出了新的重大判断:"中国特色社会主义进入新时代,我国社会主要矛盾已经转化为人民日益增长的美好生活需要和不平衡不充分的发展之间的矛

---

① 《中共中央关于党的百年奋斗重大成就和历史经验的决议》,《人民日报》2021年11月17日。
② 中共中央党史研究室:《中国共产党的九十年(改革开放和社会主义现代化建设新时期)》,中共党史出版社2016年版,第667页。

盾。"①新时代社会主要矛盾已经转化的判断，蕴涵着辩证唯物主义和历史唯物主义的世界观和方法论，是马克思主义社会矛盾学说的最新发展，对我们不断推进新时代中国特色社会主义事业具有重要的指导意义。围绕这一关系全局的历史性变化，以习近平同志为核心的党中央，出台一系列重大方针政策，推出一系列重大举措，推进一系列重大工作，战胜一系列重大风险挑战，推动党和国家事业取得历史性成就、发生历史性变革，全面建成了小康社会，实现了第一个百年奋斗目标。"中华民族迎来了从站起来、富起来到强起来的伟大飞跃"②。

党的百年奋斗历程告诉我们，党和人民事业能不能沿着正确方向前进，取决于我们能否准确认识和把握基本国情和社会主要矛盾、确定中心任务。历史经验证明，什么时候基本国情、社会主要矛盾和中心任务判断准确，党和人民事业就会在什么时候顺利发展。反之，党的工作中心就会出现偏差，党和人民事业就会遭到挫折，生产力的发展就会受到阻碍。根据中国式现代化的本质要求，中国式现代化就是中国共产党领导的满足人民美好生活需要的社会主义现代化，推进中国式现代化的奋斗目标就是要在解决好不平衡不充分的发展问题的基础上，把我国全面建成富强民主文明和谐美丽的社会主义现代化强国。

（二）坚守马克思主义魂脉

中国共产党领导人民坚持马克思主义基本原理同中国具体实际相结合，走出了一条独特的社会主义现代化之路，即中国式现

---

① 习近平：《决胜全面建成小康社会　夺取新时代中国特色社会主义伟大胜利——在中国共产党第十九次全国代表大会上的报告》，人民出版社2017年版，第11页。
② 《中共中央关于党的百年奋斗重大成就和历史经验的决议》，《人民日报》2021年11月17日。

代化。党的二十大报告指出："科学社会主义在二十一世纪的中国焕发出新的蓬勃生机，中国式现代化为人类实现现代化提供了新的选择。"①中国式现代化的理论与实践是党领导人民对科学社会主义的理论新发展与实践新推进。科学社会主义是一个内涵丰富的科学理论，它以建立一个人的全面自由发展的联合体为最高目标，既包括未来国家形态、政党性质等内容，也包括如何实现共产主义的基本路线、人类社会的未来形态等。在《共产党宣言》的附录中，恩格斯明确提出了未来社会的建设目标，"使社会的每一个成员都能完全自由地发展和发挥他们的全部才能和力量，并且不会因此而损害这个社会的基本条件"②。20世纪上半叶开始，苏联等社会主义国家围绕经济文化落后国家如何进行现代化建设做了有益而曲折的探索。中国式现代化的诞生，不仅坚持了科学社会主义的基本原则，并且将科学社会主义的基本原则与中国的具体实践、中国的传统文化及时代的发展特征相结合，创造性回答了中国现代化应该走向何方的中国之问、世界之问、时代之问。

中国式现代化深化了对社会主义本质的认识。在《共产党宣言》中马克思、恩格斯提出，未来社会"将是这样一个联合体，在那里，每个人的自由发展是一切人的自由发展的条件"③。马克思、恩格斯认为，要实现社会主义，需要无产阶级团结起来，与资产阶级展开斗争并谋取胜利，即消灭私有制，进而通过有组织的、大规模的社会生产"增加生产力的总量"④，推动社会发

---

① 习近平：《高举中国特色社会主义伟大旗帜　为全面建设社会主义现代化国家而团结奋斗——在中国共产党第二十次全国代表大会上的报告》，《人民日报》2022年10月26日。
② 〔德〕马克思、〔德〕恩格斯：《共产党宣言》，中央编译出版社2018年版，第69页。
③ 《马克思恩格斯选集》第1卷，人民出版社1995年版，第294页。
④ 《马克思恩格斯选集》第1卷，人民出版社1995年版，第293页。

展和人的全面自由发展。中华人民共和国成立之后,中国共产党对社会主义的本质进行了不懈的探索。改革开放初期,在谈到什么是社会主义的本质时,邓小平指出:"社会主义的本质,是解放生产力,发展生产力,消灭剥削,消除两极分化,最终达到共同富裕。"①邓小平强调要从认识和实践相统一的高度去探索社会主义的本质。由此,中国共产党对社会主义本质有了突破性的崭新认识。经过改革开放的实践,特别是进入新时代以来,中国共产党领导人民以中国式现代化推动中华民族伟大复兴的实践过程中,对社会主义本质的认识更加深刻,也充分体现了社会主义建设发展的规律。"中国式现代化既切合中国实际,体现了社会主义建设规律,也体现了人类社会发展规律"②。

  中国式现代化深化对社会主义本质的认识,一个重要体现就是追求共同富裕。马克思把消灭剥削、人的自由全面发展、人对自己本质的把握作为未来理想的社会形态,并认为只有在生产力高度发达的情况下,才能实现"在协作和对土地及靠劳动本身生产的生产资料的共同占有的基础上,重新建立个人所有制"③。在《共产主义原理》中,恩格斯提出了12条④具体措施以消除资本主义社会中的阶级差别现象;在《共产党宣言》中,马克思、恩格斯提出了10条⑤具体措施以消除资本主义社会的不平等现象。马克思、恩格斯关于消除阶级差别、消除城乡差别的一些具体措施虽然在后来的实践中没有取得理想的效果,但是这并不能否定他们关于社会公平理论的科学性,因为"这些原理的实际运

---

① 《邓小平文选》第3卷,人民出版社1993年版,第373页。
② 习近平:《新发展阶段贯彻新发展理念必然要求构建新发展格局》,《求是》2022年第17期。
③ 〔德〕马克思:《资本论》第1卷,人民出版社2004年版,第892页。
④ 《马克思恩格斯选集》第1卷,人民出版社1995年版,第240页。
⑤ 《马克思恩格斯选集》第1卷,人民出版社1995年版,第293—294页。

用……随时随地都要以当时的历史条件为转移"①。马克思、恩格斯关于社会公平的思想是我们党提出共同富裕思想的理论渊源。党在推进共同富裕的现代化的进程中，进一步深化和具体化了马克思、恩格斯的社会公平思想，深刻认识到"社会主义好，就是要解决其他社会形态解决不了的问题，不断推进人的全面发展和实现共同富裕"②。在中国特色社会主义现代化进程中，党领导人民，通过"三步走"战略，实现了从站起来、富起来到强起来的历史性跨越；从20世纪末达到总体小康社会的标准，到建党一百周年时全面建成小康社会；从打赢脱贫攻坚战，到共同富裕的道路上一个都不能少等推进共同富裕的实践。中国式现代化跨越了"卡夫丁峡谷"③，创造了人类文明史上一种新型的现代化模式。

  中国式现代化破解了落后国家如何实现现代化的历史性难题。"现代化"是科学社会主义的核心议题。在马克思主义看来，人类社会发展的终极阶段就是人的现代化，即人的全面自由发展。但马克思、恩格斯并未把希望寄托在资本主义制度上，反而严厉批判了资本主义生产方式，认为其对人的压迫剥削是阻碍人的现代化的根本原因。"劳动资料为土地所有者和资本家所垄断"④是造成无产阶级各种苦难的根源。在具体的实现路径上，

---

① 《马克思恩格斯选集》第1卷，人民出版社1995年版，第248页。
② 中共中央宣传部：《中国共产党的历史使命与行动价值》，人民出版社2021年版，第35页。
③ 卡夫丁峡谷：（Caudine Forks）原指古罗马时期意大利中部一座小城卡夫丁城外的隘口。公元前321年，萨姆尼特人在卡夫丁峡谷击败了罗马军队，并迫使罗马战俘从峡谷中用长矛架起的形似城门的"牛轭"（yoke）下通过，借以羞辱战败军队。后来，人们就用"卡夫丁峡谷"来比喻灾难性的历史经历，也可引申为人们在谋求发展时遇到的极大的困难和挑战。19世纪80年代初，马克思晚年在考察俄国农村公社后，提出了著名的跨越"卡夫丁峡谷"的设想，指出一些发展落后的国家可以不经过资本主义阶段，而直接进入社会主义，从而避免重走西欧资本主义国家漫长而痛苦的原始积累老路，越过资本主义制度的"卡夫丁峡谷"，开辟一条光明的社会发展新路。
④ 《马克思恩格斯文集》第3卷，人民出版社2009年版，第431页。

马克思主义认为,资本主义现代化并非世界各国,尤其是落后国家现代化的必由之路,落后国家完全可以通过新的发展模式实现现代化,这一新的模式就是社会主义,通过社会革命,无产阶级夺取政权,建立社会主义国家,通过构建新型的社会主义社会的生产关系也能促进生产力的发展,实现现代化。十月革命的胜利,证实了马克思、恩格斯对落后国家实现现代化的科学论断。中国式现代化是在马克思主义现代化理论的思想基础上提出的。我国在1956年确立社会主义制度,经历了一段时间的社会主义建设和探索之后,即开启了构建新型社会生产关系的改革开放,解放和发展了社会生产力。进入新时代,党对马克思主义关于落后国家实现现代化的论断进行了深入探索和创造性回答,形成了关于落后国家实现现代化的宝贵经验和成功模式。比如,社会主义市场经济改写了资本主导下的现代化发展方向和历史进程。邓小平曾指出:"社会主义和市场经济之间不存在根本矛盾。问题是用什么方法才能更有力地发展社会生产力。"[1]再如,全过程人民民主真正推进了民主政治的现代化发展。民主政治是现代化的主要内容之一。马克思、恩格斯严厉批评了西方民主政治中的议会制、普选权,指出其具有虚伪性、欺骗性,是形式民主而非实质民主。真正的民主,是把"国家的人民"变成"人民的国家",以"人民"为目的和原则的。马克思、恩格斯的"实质民主"思想是科学社会主义关于国家建设理论的重要组成部分,是对"高级社会制度"中新型生产关系的科学设想,是对新的社会形态促进生产力发展的前瞻性考量。全过程人民民主全面深化实践了马克思、恩格斯的"实质民主"思想,是对西方民主政治的超越。同时,全过程人民民主以"实质民主"激发了社会活力,提升了

---

[1]《邓小平年谱(1975—1997)》下卷,中央文献出版社2004年版,第1090页。

人民参与社会主义现代化建设的热情,增加了社会主义社会的"生产力总量",从而推动中国特色社会主义现代化获得健康发展。

中国式现代化创造了人类文明的新形态。马克思、恩格斯在创立科学社会主义理论时,已经把"未来社会"作为超越资本主义文明的新形态文明。他们批判了资本主义制度下人与自然的紧张关系、国与国之间为了资源利益的残酷战争以及资本逻辑下物质至上和价值缺失的人类价值危机等。"物质文明的生产方式制约着整个社会生活、政治生活和精神生活的过程。"①资本主义的生产过程,既推动了世界历史的形成,也对人类文明造成了不可逆转的毁坏。资本主义鼓励向世界各地扩张,野蛮掠夺资源,残酷剥削奴役当地居民,毁灭了当地的文明。人类文明发展遇到了前所未有的危机。科学社会主义告诉我们,要消除资本主义文明给人类带来的危机,可能的路径就是把握人类社会发展规律,建立更高级的社会制度,重新调整人与自然、国与国之间的关系,构建一种符合全人类共同追求的价值观念,发展出新型文明形态。中国特色社会主义的实践表明,中国式现代化在重新界定人与自然之间关系、国家与国家之间关系,推动构建符合全人类共同追求的价值观念等方面,取得了突破性进展,创造了人类文明的新形态。

人类命运共同体成为构建新型国际关系的基本理念。马克思主义以"全人类的解放"为最高目标,认为未来的社会将是这样一个共同体,"在这个共同体中各个人都是作为个人参加的。它是各个人的这样一种联合(自然是以当时发达的生产力为前提的),这种联合把个人的自由发展和运动的条件置于他们的控制

---

① 《马克思恩格斯文集》第2卷,人民出版社2009年版,第591页。

之下"。马克思、恩格斯关于未来社会发展目标的科学设想，包含着处理国与国之间关系的准则。这一"共同体"思想，是对资本主义国家之间秉承"丛林法则"，坚持利益至上原则的批判，也是对未来人类社会的美好憧憬。人类命运共同体的提出，是对马克思、恩格斯"共同体"思想的继承和发展。党的十九大报告把"构建人类命运共同体"作为推进中国特色社会主义的基本方略之一，表明中国式现代化内含着对人类命运、人类未来的思考和安排。在具体的实践中，中国提出"一带一路"倡议、推动亚洲基础设施银行建设、拓展"金砖+"合作、召开中非合作论坛、设置中非发展基金等。在共同体理念上，对人类命运共同体进行细化、具体化，提出"人类卫生健康共同体""海洋命运共同体""人类环境共同体""中国—东盟命运共同体"等理念。在全球人民关注的生命健康、医疗卫生、自然环境、经济发展等多个领域推动共同体建设，推动国际秩序更加公平合理，为全人类的发展、幸福作出了中国的贡献。

全人类共同价值是不同文明共同发展的根本价值。遵循全人类共同价值是对资本主义所谓普世价值的超越。马克思、恩格斯批判了资本主义价值的虚伪本质，指出"半野蛮人坚持道德原则，而文明人却以自私自利的原则与之对抗"[1]，即世界各种价值观念，没有本质上的先进与落后之分，只是根据各地区、各民族的经济政治、历史进程而发展出来的价值取向、价值形态。在处理世界各种价值观差异时，应该坚持"每一历史时代的经济生产以及必然从此发生的社会结构，便是该时代政治和思想历史的基础"[2]的原则，尊重不同价值观念的差异性。全人类共同价值

---

[1]《马克思恩格斯选集》第2卷，人民出版社1995年版，第804页。
[2]〔德〕马克思、〔德〕恩格斯：《共产党宣言》，中央编译出版社2018年版，第21页。

倡导的正是这样的价值取向，坚持开放、包容、多元、发展的价值判断标准，鼓励世界各国、各地区、各民族以自己的价值传统、价值准则进行价值取舍、价值判断。全人类共同价值在承认世界价值观多元化、多样性的基础上，通过"共同发展"这一与世界人民切身利益相关的环节，把世界人民团结起来。全人类共同价值倡导的普惠发展、共享发展理念，"直面贫富差距、发展鸿沟等重大现实问题，……让每一片土地都孕育希望"①。因此，全人类共同价值理应成为世界各国人民的价值纽带、价值桥梁，成为不同文明共同发展的根本价值遵循。可以说，全人类共同价值是对科学社会主义价值内核的实践和深化。

（三）坚守中华优秀传统文化根脉

把马克思主义基本原理同中华优秀传统文化相结合（即"第二个结合"），是又一次的思想解放，让我们能够在更广阔的文化空间中，充分运用中华优秀传统文化的宝贵资源，探索面向未来的理论和制度创新。②中国式现代化从根本上"有中华优秀传统文化这个基因"③。它不仅是中华文明历史穿透力的纵向延伸，更是中国共产党长期致力于推动中华优秀传统文化实现创造性转化、创新性发展的必然结果。中国式现代化赋予中华文明以现代力量，中华文明赋予中国式现代化以深厚底蕴。

"民为邦本"的优秀传统规约了中国式现代化的价值取向。中国式现代化所遵循的价值取向是以人民为中心，这不仅由中国

---

① 《习近平出席中国共产党与世界政党领导人峰会并发表主旨讲话》，《人民日报》2021年7月7日。
② 《习近平在文化传承发展座谈会上强调　担负起新的文化使命　努力建设中华民族现代文明》，《人民日报》2023年6月3日。
③ 杜尚泽：《"就是要理直气壮、很自豪地去做这件事"》，《人民日报》2022年10月19日。

共产党的属性和宗旨所决定，同时也得益于传统民本思想的文化浸润。在中华优秀传统文化中，民本思想可谓源远流长。早在西周初期，统治者在反思和总结前朝何以衰败的因由时，即明确提出了"敬天保民"的朴素民本思想，强调要善于体察民情，"知稼穑之艰难"。春秋战国时期，道家倡导"以百姓心为心"，儒家主张"仁者爱人"，墨家提出"爱利万民"，农家呼吁"君民共耕"，兵家强调"唯民是保"，等等。可以说，正是由于这一时期诸子百家对民本思想的大力阐发和倡导，为后来中华民族发展中"重民"智慧、"忧民"情怀、"富民"愿景、"安民"理想、"兴民"抱负以及"利民"政策的不断涌现奠定了文化主基调，"民为邦本"的优秀传统也由此成为历代中国人民所共享的价值取向。作为中华优秀传统文化的忠实继承者和发扬者，中国共产党的初心就是为人民谋幸福，始终代表最广大人民根本利益，而没有任何自己特殊的利益，从来不代表任何利益集团、任何权势团体、任何特权阶层的利益。一百多年来，在一以贯之地推进中国式现代化实践中，中国共产党始终胸怀"国之大者"和坚持人民至上，领导人民"打江山、守江山，守的是人民的心"[①]。实现"均无贫"和全民共富是传统民本思想的基本要求，这样的文化底色和价值追求，与恩格斯所提出的使"所有人共同享受大家创造出来的福利"[②]的要求是相契合的。历史地看，我们党始终将人民的"共同富裕"作为根本原则而贯穿于中国式现代化的发展始终。早在1930年，中国共产党人对国民党所提出的建设"现代化国家"主张进行了剖析和批评，认为这种"现代化国家"仅

[①] 习近平：《高举中国特色社会主义伟大旗帜　为全面建设社会主义现代化国家而团结奋斗——在中国共产党第二十次全国代表大会上的报告》，《人民日报》2022年10月26日。
[②] 《马克思恩格斯文集》第1卷，人民出版社2009年版，第689页。

仅是以满足少数人富裕为目的，"以少数人的快乐，筑在大多数人的痛苦上面"，与此不同，中国共产党所追求的则是"全民的现代化"①。新中国成立后，毛泽东进一步明确提出："现在我们实行这么一种制度，这么一种计划，是可以一年一年走向更富更强的，一年一年可以看到更富更强些。而这个富，是共同的富，这个强，是共同的强。"②后来，邓小平则明确将"共同富裕"纳入社会主义本质的范畴之中。党的二十大报告不仅进一步强调"共同富裕是中国特色社会主义的本质要求……我们坚持把实现人民对美好生活的向往作为现代化建设的出发点和落脚点，着力维护和促进社会公平正义，着力促进全体人民共同富裕，坚决防止两极分化"③，同时还系统地提出了一系列扎实推进共同富裕的具体方略。这深刻体现了中国式现代化鲜明的民本意蕴。中国式现代化坚持以人民为中心，就是不仅要满足人的物质需要，同时还要满足人的精神需要，实现人的物质富足和精神富有是社会主义现代化的根本要求。

"天人合一"的优秀传统彰显了中国式现代化的生态图景。人类社会在由蒙昧状态走向文明状态的历史进程中，所面临的一个共同基本问题就是人与自然（或人与天）的关系问题，表现在文化方面，就是几乎所有中西方的古老文明中都存在自然神灵崇拜或图腾崇拜的文化现象。中华文明具有特色鲜明的"天人合一"传统，它推崇"天"乃万物衍生的根源，而"人"则是天工化育之物，天和人本质上是一种共运的亲和关系，人的生存与发展须臾不能离开自然这一母体，必须顺应和敬畏自然而不可僭越

---

① 杜星垣：《现代化与民生》，《人言周刊》1936年第45期。
② 《毛泽东文集》第6卷，人民出版社1999年版，第495页。
③ 习近平：《高举中国特色社会主义伟大旗帜　为全面建设社会主义现代化国家而团结奋斗——在中国共产党第二十次全国代表大会上的报告》，《人民日报》2022年10月26日。

之，必须有节度地取用自然资源而不可破坏之。从《易经》较早提出"天地变化，圣人效之"，到老子强调"人法地，地法天，天法道，道法自然"，孔子要求君子"畏天命"，庄子倡导"天地与我并生，而万物与我为一"，董仲舒认为"天人之际，合而为一"，及至张载则明确提出"天人合一"概念和"乾坤父母，民胞物与"理念，再到王阳明主张"夫圣人之心，以天地万物为一体"，等等，这不仅深刻体现了中华文明中的"天人合一"传统是一以贯之的，同时还决定了历代先贤志士在阐释和追求"人道"时，往往将其与"天道"相关联，诚如张君劢所总结说："吾国人之论天也，常不离人；其论人也，常不离天。"①从哲学上看，"天人合一"所反映的乃是一种整体思维下的宇宙观，它"将一切凡可称为有者，作为一整个而思之"②，深刻揭示了主客体相互依存的包容精神和交互作用的发生机制。正是得益于"天人合一"的文化传统，中国共产党在领导推进中国式现代化进程中，始终注重有节度地开发利用自然，大力倡导人与自然和谐共生的生态理念。从革命年代注重兴修水利、改良土质以及开展植树造林运动，到建设时期提出"要使我们祖国的河山全部绿化起来，要达到园林化，到处都很美丽，自然面貌要改变过来"③的号召，再到改革开放时期明确将环境保护确立为基本国策，倡导"植树造林，绿化祖国，造福后代"④，特别是党的十八大以来，党中央在推动绿色发展方面自觉发扬历史主动精神，倡导"绿水青山就是金山银山"的理念，以前所未有的力度抓生态文明建设，使我国生态环境保护发生历史性、转折性、全局性变化。

---

① 张君劢：《明日之中国文化》，山东人民出版社1998年版，第80页。
② 鲍霁：《冯友兰学术精华录》，北京师范学院出版社1988年版，第39—40页。
③ 《毛泽东论林业（新编本）》，中央文献出版社2003年版，第51页。
④ 《邓小平文选》第3卷，人民出版社1993年版，第21页。

习近平总书记将生态文明建设提升到关乎中华民族永续发展"根本大计"的政治高度进行阐释,强调"绿水青山就是金山银山",保护和改善生态环境就是保护和发展生产力,不断建立健全生态补偿制度、河湖长制、林长制、耕地休耕轮作制等生态文明制度体系,并将保护和对待生态环境视为如同"保护眼睛"和"对待生命"一般重要,决不能以牺牲环境为代价来换取一时的经济增长。这从根本上扭转了一段时间以来领导干部中存在"以GDP论英雄"的不良政绩观。党的二十大报告提出"加快发展方式绿色转型""深入推进环境污染防治""提升生态系统多样性、稳定性、持续性""积极稳妥推进碳达峰碳中和"等具体方略,为中国式现代化的未来发展指明了方向。将人与自然和谐共生作为中国式现代化发展的内在要求,深刻体现了中华文明中"天人合一"的传统理念。诚如党的二十大报告所指出:"尊重自然、顺应自然、保护自然,是全面建设社会主义现代化国家的内在要求。必须牢固树立和践行绿水青山就是金山银山的理念,站在人与自然和谐共生的高度谋划发展。"[1]

"以和为贵"的优秀传统厚植了中国式现代化的文明意蕴。不同的文化传统,决定了各民族国家实现自身现代化的方式和方法也彼此殊异,有文明和野蛮之别。中华民族历来推崇"允执其中""先义后利""尚公抑私"的文明理念,主张建立有序、有礼、有义的社会人际关系。对此,儒家倡导"礼之用,和为贵",墨家也主张和期冀"天下之人皆相爱,强不执弱,众不劫寡,富不侮贫,贵不敖贱,诈不欺愚"[2]。"和平、和睦、和谐是中华民

---

[1] 习近平:《高举中国特色社会主义伟大旗帜　为全面建设社会主义现代化国家而团结奋斗——在中国共产党第二十次全国代表大会上的报告》,《人民日报》2022年10月26日。

[2] (战国)墨翟:《墨子》,曹海英译注,北方文艺出版社2018年版,第69页。

族5000多年来一直追求和传承的理念，中华民族的血液中没有侵略他人、称王称霸的基因"①。这种镌刻在中国人民内心深处的"和合"传统文化基因，不仅决定了中华民族永远不会在国际社会上寻求霸权，同时还赋予了中国共产党胸怀天下的历史使命。中国共产党在领导推进中国式现代化进程中，始终秉持一种和平发展的理念以及为人类做出更大贡献的强烈信念，坚持"和而不同""和衷共济"等传统价值理念，坚决摒弃旧有且错误的"零和博弈"思维，坚信"一国的成功并不意味着另一国必然失败，这个世界完全容得下各国共同成长和进步"②。习近平总书记强调，我们要坚持对话而不对抗、包容而不排他，不断扩大利益汇合点、画出最大同心圆，始终"坚定站在历史正确的一边、站在人类文明进步的一边，高举和平、发展、合作、共赢旗帜，在坚定维护世界和平与发展中谋求自身发展，又以自身发展更好维护世界和平与发展"③。新中国成立70多年来，中国式现代化在"时空超越"中实现了西方国家几百年才实现的目标，呈现出信念之美、理性之美、创造之美和价值之美，不仅对于中国自身发展具有重大意义，同时还为推动和完善全球治理提供了丰富的公共产品。比如，在发展理念和倡议方面，习近平总书记提出"人类命运共同体""一带一路""真正的多边主义""共同价值"等理念，为推动全球治理体系朝着更加公正合理的方向发展提供了中国智慧和中国方案。

　　"勇者不惧"的优秀传统激发了中国式现代化的磅礴伟力。中国式现代化深刻体现了中华优秀传统文化中"勇者不惧"的传

---

① 《习近平谈治国理政》第4卷，外文出版社2022年版，第11页。
② 《习近平谈治国理政》第4卷，外文出版社2022年版，第470页。
③ 习近平：《高举中国特色社会主义伟大旗帜　为全面建设社会主义现代化国家而团结奋斗——在中国共产党第二十次全国代表大会上的报告》，《人民日报》2022年10月26日。

统美德。自古以来，中国历代思想家无不将"勇"作为一种美德进行阐释和颂扬，"勇"是人之为人的基本德性。古人所推崇和强调的"勇"，不是主张人们鲁莽行事，而是倡导"勇毅有智略""将当以勇为本，行之以智计"；也不是鼓励人们为所欲为、恶意破坏，"勇"实质上是一种具有建设性的"为善之举"，是高尚意志的彰显，诚如墨子所说，"勇，志之所以敢也"。从历史进程上看，中国式现代化属于后发型现代化，它不是轻轻松松、在敲锣打鼓中实现的，而是中国共产党领导人民在不懈的伟大斗争中，以一种"勇者不惧"的奋斗姿态和拼搏精神向前推进的。党的第三个历史决议指出："敢于斗争、敢于胜利，是党和人民不可战胜的强大精神力量。党和人民取得的一切成就……是通过不断斗争取得的。"[①]习近平总书记在党的二十大报告中的开篇位置将"敢于斗争、善于斗争"提升到"三个务必"的战略高度进行阐释和定位，将"发扬斗争精神"作为全面建设社会主义现代化国家的重大原则，强调在推进中国式现代化进程中，要"不信邪、不怕鬼、不怕压，知难而进、迎难而上，统筹发展和安全，全力战胜前进道路上各种困难和挑战，依靠顽强斗争打开事业发展新天地"[②]。历史反复证明，在面对难题困境和激烈竞争时，企图以妥协退让、委曲求全来换得国家发展进步注定是一种幻想，只有以斗争求安全则安全才能存，只有以斗争谋发展则发展才能兴。"勇者不惧"的优秀传统赋予了中国共产党人"不畏强敌、不惧风险、敢于斗争、勇于胜利的风骨和品质"，激发了中国式现代化的磅礴伟力。"我们党依靠斗争走到今天，也必然要

[①]《中共中央关于党的百年奋斗重大成就和历史经验的决议》，《人民日报》2021年11月17日。

[②] 习近平：《高举中国特色社会主义伟大旗帜　为全面建设社会主义现代化国家而团结奋斗——在中国共产党第二十次全国代表大会上的报告》，《人民日报》2022年10月26日。

依靠斗争赢得未来。"①

中华优秀传统文化是中国式现代化之"成功推进和拓展"的根脉，其规约了中国式现代化"民为邦本"的价值取向，彰显了中国式现代化"天人合一"的生态图景，厚植了中国式现代化"以和为贵"的文明意蕴，激发了中国式现代化"勇者不惧"的磅礴伟力，从而在与西方式现代化的比较中呈现出无可比拟的优越性。

二、中国式现代化发展历史逻辑之本

近代以来，历经磨难的中华民族苦苦探索民族复兴的现代化之路，但在中国共产党诞生之前，都没有成功。只有中国共产党成立后，在党的领导下，中国的现代化才走上了正确的道路。中国共产党团结带领中国人民追求实现民族复兴的历史，也是一部不断探索、开拓中国式现代化道路的历史。

（一）根本性质与奋斗目标

中国共产党的领导决定了中国式现代化的根本性质，直接关系到中国式现代化的根本方向、前途命运、最终成败。习近平总书记指出："党的领导决定中国式现代化的根本性质，只有毫不动摇坚持党的领导，中国式现代化才能前景光明、繁荣兴盛，否则就会偏离航向、丧失灵魂，甚至犯颠覆性错误。"②中国式现代

---

① 《习近平谈治国理政》第 4 卷，外文出版社 2022 年版，第 80 页。
② 《习近平在学习贯彻党的二十大精神研讨班开班式上发表重要讲话强调　正确理解和大力推进中国式现代化》，《人民日报》2023 年 2 月 8 日。

化是中国共产党领导的社会主义现代化，这是全面把握中国式现代化的中国特色、本质要求、重大原则的根本之点。

中国特色社会主义是党和人民从长期奋斗、艰辛探索中得来的最为宝贵的成果，是实现中华民族伟大复兴的必由之路。坚持和发展中国特色社会主义，是改革开放以来党全部理论和实践的主题，同样是中国式现代化的主题，中国式现代化是中国特色社会主义现代化。中国特色社会主义是社会主义而不是别的什么主义，新时代成功推进和拓展中国式现代化，最为重要的是社会主义现代化的成功推进和拓展。

中国式现代化既有各国现代化的共同特征，更有基于自己国情的中国特色，在各国现代化的比较中呈现出独特性质，其中最为根本的性质就是中国特色社会主义。与西方的现代化相比较，中国式现代化是社会主义现代化，坚持中国特色社会主义的本质要求保证了中国式现代化的根本性质。与其他社会主义国家的现代化相比较，中国式现代化是走自己道路的社会主义现代化。坚持中国特色社会主义的本质要求，彰显了社会主义现代化的中国特色。与发展中国家的现代化相比较，中国式现代化是最大发展中国家的现代化。坚持中国特色社会主义的本质要求，展现了社会主义现代化在发展中国家的成功实践。

中国式现代化的中国特色，既是坚持中国特色社会主义的实践根据，也是坚持中国特色社会主义的实践内容。中国式现代化是人口规模巨大的现代化，14亿多人口整体迈进现代化社会，超过现有发达国家人口总和，艰巨性和复杂性前所未有。只有依靠中国特色社会主义制度优势，才能实现人类现代化前所未有的宏伟目标。中国式现代化是全体人民共同富裕的现代化。共同富裕是中国特色社会主义的本质要求，中国式现代化以全体人民共同富裕为重要特征。只有坚持中国特色社会主义道路，才能促进全体人民共同富裕，坚决防止两极分化。物质文明和精神文明相协调的现代化，是中国式现代化的崇高追求。不断厚植现代化的物质基础，不断夯实人民幸福生活的物质条件，同时大力发展社会主义先进文化，充分体现了中国特色社会主义的显著优势。人与自然和谐共生的现代化，是中国式现代化的鲜明特点，体现在自觉调节人与自然关系的社会制度中，建立在建设更加美好生活、追求更加美好未来的社会制度基础上。中国式现代化是走和平发展道路的现代化，坚决不走一些国家通过战争、殖民、掠夺等方式实现现代化的老路，坚决摒弃那种损人利己、充满血腥罪恶的老路，中国特色社会主义高举和平、发展、合作、共赢旗帜，坚定站在历史正确的一边、站在人类文明进步的一边。

中国式现代化是党领导全国各族人民在长期探索和实践中历经千辛万苦、付出巨大代价取得的重大成果。习近平总书记指出："党的领导确保中国式现代化锚定奋斗目标行稳致远，我们党的奋斗目标一以贯之，一代一代地接力推进，取得了举世瞩目、彪炳史册的辉煌业绩。"①中国式现代化是中国特色社会主义建设的重大战略，经过70多年的探索、推进和拓展，战略目标随着时代的变化逐步深化、逐步清晰。

在新中国成立前夕，党的七届二中全会就明确把"稳步推进农业国向工业国转变"作为执政后的一个根本任务。1954年第一届全国人民代表大会提出了"四个现代化"建设构想，锚定了社会主义现代化建设目标。1964年底，第三届全国人民代表大会明

---

① 《习近平在学习贯彻党的二十大精神研讨班开班式上发表重要讲话强调　正确理解和大力推进中国式现代化》，《人民日报》2023年2月8日。

确提出"四个现代化"建设宏伟目标，要求在一个不太长的历史时期内，把我国建设成为一个具有现代农业、现代工业、现代国防和现代科学技术的社会主义强国。1979年3月，邓小平明确提出"中国式的现代化"概念，同年12月将"中国式的现代化"称为"小康之家""小康状态"。2002年党的十六大制定了全面建设小康社会、加快推进社会主义现代化的战略部署。改革开放和社会主义建设新时期，我国实现了从生产力相对落后的状况到经济总量跃居世界第二的历史性突破，实现了人民生活从温饱不足到总体小康、奔向全面小康的历史性跨越。

党的十八大以来，我们党在已有基础上继续前进，不断实现理论和实践上的创新突破，成功推进和拓展了中国式现代化。我们党把未来30年的中国式现代化战略做了"两步走"的总体安排，把改革开放时期的"二十世纪中叶基本实现现代化"的目标提前到2035年实现，战略目标的实现有了重大突破。党的二十大报告进一步明确了全面建成社会主义现代化强国"两步走"的战略安排：从2020年到2035年基本实现社会主义现代化；从2035年到21世纪中叶把我国建成富强民主文明和谐美丽的社会主义现代化强国。党的二十大报告还进一步深化了对中国式现代化的内涵和本质的认识，概括形成中国式现代化的中国特色、本质要求和重大原则，初步构建起中国式现代化的理论体系，使中国式现代化更加清晰、更加科学、更加可感可行。在战略上不断完善，深入实施科教兴国战略、人才强国战略、乡村振兴战略等一系列重大战略，为中国式现代化提供坚实战略支撑。在实践上不断丰富，推进一系列变革性实践、实现一系列突破性进展、取得一系列标志性成果，推动党和国家事业取得历史性成就、发生历史性变革，特别是消除了绝对贫困问题，全面建成小康社会，为中国式现代化提供了更为完善的制度保证、更为坚实的物质基础、更为主动的精神力量。

（二）坚持和加强党的全面领导

坚持党的领导是中国式现代化成功的根本保障。1847年，马克思、恩格斯为共产主义者同盟起草第一次代表大会章程时，就把"推翻资产阶级政权，建立无产阶级统治……建立没有阶级、没有私有制的新社会"[1]写入章程。显然，马克思、恩格斯这里所说的"建立无产阶级统治"等内容，就包含了需要无产阶级政党的领导才能实现这一目标的思想，即"为保证社会革命获得胜利和实现革命的最高目标——消灭阶级，无产阶级这样组织成为政党是必要的"[2]。

中国人民和中华民族之所以能够扭转近代以后的历史命运、取得社会主义现代化建设的伟大成就，最根本的是有中国共产党的坚强领导和社会主义制度的独特优势。中国共产党领导中国人民，取得新民主主义革命的胜利，建立新中国，确立社会主义基本制度，实现了中华民族有史以来最为广泛而深刻的社会变革，建立起独立的比较完整的工业体系和国民经济体系，社会主义革命和建设取得了独创性理论成果和巨大成就，为现代化建设奠定根本政治前提和宝贵经验、理论准备、物质基础。改革开放和社会主义建设新时期，党作出把党和国家工作中心转移到经济建设上来、实行改革开放的历史性决策，大力推进实践基础上的理论创新、制度创新、文化创新以及其他各方面创新，实行社会主义市场经济体制，实现了从生产力相对落后的状况到经济总量跃居

---

[1]《马克思恩格斯全集》第28卷，人民出版社2018年版，第10页。
[2]《马克思恩格斯选集》第3卷，人民出版社2012年版，第173—174页。

世界第二的历史性突破，实现了人民生活从温饱不足到总体小康、奔向全面小康的历史性跨越，为中国式现代化提供了充满新的活力的体制保证和快速发展的物质条件。党的十八大以来，党在已有基础上继续前进，不断实现理论和实践上的创新突破，成功推进和拓展了中国式现代化。我们在认识上不断深化，创立了新时代中国特色社会主义思想，实现了马克思主义中国化时代化新的飞跃，为中国式现代化提供了根本遵循。[①]没有中国共产党，就没有中国式现代化道路的成功开辟。坚持中国共产党领导是中国现代化进程的必然选择，是中国现代化历史进程的基本经验，是中国式现代化的本质要求。

全面建设社会主义现代化国家、全面推进中华民族伟大复兴，关键在党。习近平总书记指出："党的领导激发建设中国式现代化的强劲动力，我们党勇于改革创新，不断破除各方面体制机制弊端，为中国式现代化注入不竭动力。"[②]坚持和加强党的全面领导是发展中国式现代化必须牢牢把握的首要重大原则。中国共产党领导激发建设中国式现代化的强劲动力，凝聚建设中国式现代化的磅礴力量，确保中国式现代化锚定奋斗目标行稳致远。新时代以来，党中央权威和集中统一领导得到有力保证，党的领导制度体系不断完善，党的领导方式更加科学，全党思想上更加统一、政治上更加团结、行动上更加一致，党的政治领导力、思想引领力、群众组织力、社会号召力显著增强。坚持党的全面领导不动摇，坚决维护习近平总书记党中央的核心、全党的核心地位，坚决维护党中央权威和集中统一领导，把党的领导落实到社

[①]《习近平在学习贯彻党的二十大精神研讨班开班式上发表重要讲话强调　正确理解和大力推进中国式现代化》，《人民日报》2023年2月8日。
[②]《习近平在学习贯彻党的二十大精神研讨班开班式上发表重要讲话强调　正确理解和大力推进中国式现代化》，《人民日报》2023年2月8日。

会主义现代化建设各领域各方面各环节，就一定能够确保我国社会主义现代化建设正确方向，确保拥有团结奋斗的强大政治凝聚力、发展自信心。

推进中国式现代化，是无比壮丽的事业，也是前无古人的开创性事业，没有现成的经验可以照搬照抄，必须依靠我们自己去探索实践，必须通过改革创新为之注入动力活力。中国共产党在创建过程中形成了"坚持真理、坚守理想，践行初心、担当使命，不怕牺牲、英勇斗争，对党忠诚、不负人民"[①]的伟大建党精神，并在革命、建设、改革实践中传承发扬，形成了中国共产党人精神谱系，使中国共产党具有了其他政党难以比拟的强大精神动力。中国共产党之所以能够领导人民在一次次求索、一次次挫折、一次次开拓中完成中国其他各种政治力量不能完成的艰巨任务，根本在于坚持解放思想、实事求是、与时俱进、求真务实，坚持把马克思主义基本原理同中国具体实际相结合、同中华优秀传统文化相结合，坚持实践是检验真理的唯一标准，坚持一切从实际出发，及时回答时代之问、人民之问，不断推进马克思主义中国化时代化。同时，顺应时代潮流、勇于推进改革，不断以马克思主义中国化时代化的最新成果指导实践，推进理论创新、制度创新、文化创新以及其他各方面创新，敢为天下先，走出了前人没有走出的路。

实践充分证明，只有在党的坚强领导下，形成共同的理想、共同的事业、共同的行动，确保全国人民拥有团结奋斗的强大政治凝聚力、发展自信心，才能团结一切可以团结的力量、调动一切可以调动的积极因素，不断巩固全国各族人民大团结，加强海内外中华儿女大团结，形成同心共圆中国梦的强

[①] 习近平：《在庆祝中国共产党成立100周年大会上的讲话》，人民出版社2021年版，第8页。

大合力，凝聚万众一心建设中国式现代化的磅礴力量。

（三）坚持中国特色社会主义道路

中国式现代化，是中国特色社会主义的现代化，具有社会主义属性和中国国情属性，这是中国式现代化的根本性质。当代中国的伟大社会变革，不是简单延续我国历史文化的母版，不是简单套用马克思主义经典作家设想的模板，不是其他国家社会主义实践的再版，也不是国外现代化发展的翻版。社会主义并没有定于一尊、一成不变的套路，只有把科学社会主义基本原则同本国具体实际、历史文化传统、时代要求紧密结合起来，在实践中不断探索总结，才能把蓝图变为美好现实。[①]

中国式现代化，既具有社会主义的本质特征，如坚持解放和发展生产力，坚持全体人民共同富裕，也具有社会主义现代化的共同特征，如以公有制为主体，以按劳分配为主体，坚持人民民主专政的国体，坚持人民代表大会制度的政体，坚持以马克思主义为指导，等等。中国式现代化，又是具有中国国情属性的现代化。中国人口规模巨大，历史文化悠久，主张以民为本，崇尚社会和谐，追求公平正义，讲究实事求是，认同道法自然，主张兼爱非攻，渴望天下太平，希慕世界大同。中国式现代化必然具有举世无双的中国特色、中国风格、中国气派。

中国式现代化是世界上人口规模巨大的现代化。在目前已经实现现代化的国家里，较早实现现代化的国家人口规模均为千万级，如英国、法国，后来有了亿级规模，如美国、日本，但却从没有出现十亿级以上人口规模的国家。中国拥有14亿多人口的

[①] 习近平：《在纪念马克思诞辰200周年大会上的讲话》，《人民日报》2018年5月5日。

庞大规模，因此，中国式现代化是世界现代化史上人口规模空前的现代化，超过了现在所有发达国家的总和，是世界现代化史上的奇迹，其发展途径和推进方式必然具有中国特色。

中国式现代化是物质文明和精神文明相协调的现代化，而不是物质主义、消费主义膨胀却精神空虚的现代化。"物质贫困不是社会主义，精神贫乏也不是社会主义。"[1]现代化的本质是人的现代化，中国式现代化指向人的全面发展，是人的现代化。中国具有绵延悠久的文明历史，有着无比灿烂辉煌的精神文明。积极传承中华优秀传统文化并予以创造性转化和创新性发展，是中华儿女义不容辞的使命。我们不仅要创造丰富的物质文明，更要创造灿烂的精神文明。推动物质文明和精神文明协调发展是中国式现代化的内在要求。

中国式现代化是全体人民共同富裕的现代化，而不是贫富两极分化的现代化。两极分化是资本主义现代化的痼疾，是个人主义文化的特色。虽然资本主义国家后来有了福利制度和社保制度，但由于存在诸多限制条件并没有得到普及，且其保障水平与其现代化水平并不相称。"我们坚持把实现人民对美好生活的向往作为现代化建设的出发点和落脚点。"[2]中国式现代化坚持共享经济和共享发展，是全体人民共同富裕的现代化，这是由社会主义现代化的本质属性和目标任务决定的，是中国历史文化中"大同"理想的反映，也是全面建成小康社会之后的必然逻辑。

中国式现代化是人与自然和谐共生的现代化，而不是严重破坏自然、污染环境、耗尽资源的现代化。资本主义现代化试图征

---

[1] 习近平：《高举中国特色社会主义伟大旗帜　为全面建设社会主义现代化国家而团结奋斗——在中国共产党第二十次全国代表大会上的报告》，《人民日报》2022年10月26日。

[2] 习近平：《高举中国特色社会主义伟大旗帜　为全面建设社会主义现代化国家而团结奋斗——在中国共产党第二十次全国代表大会上的报告》，《人民日报》2022年10月26日。

服自然，把自然完全视为生产要素，视为资源和商品，唯利是图，不计较环境成本和生态成本，导致环境的急剧恶化和资源的迅速枯竭。"人与自然是生命共同体，无止境地向自然索取甚至破坏自然必然会遭到大自然的报复。"①中国式现代化吸取了资本主义现代化的深刻教训，总结了自身现代化的基本经验，传承了中华优秀传统文化基因中"道法自然""天人合一"的合理元素，致力于建设人与自然和谐共生的现代化，即牢固树立"绿水青山就是金山银山"的生态文明理念，积极走生态文明之路，把建设美丽中国作为中国式现代化的主要目标。

中国式现代化是走和平发展道路的现代化，而不是走殖民主义、帝国主义、霸权主义道路的现代化。资本主义现代化循着资本的逻辑，完全以利益为驱动，以掠夺为目的，把全球变成资本主义的世界市场，走殖民主义、帝国主义、霸权主义道路，结果是"东方从属于西方"，在全球范围内形成了以西方为标准和中心的资本主义世界体系。中国式现代化通过自身的改革开放和埋头苦干发展起来，改革开放和勤劳致富成为中国式现代化的根本动力。我们不走改旗易帜的邪路，而是走出一条和平崛起的现代化道路。

三、中国式现代化发展历史逻辑之轨

（一）新民主主义革命为中国式现代化创造根本社会条件

党的十九届六中全会通过的《中共中央关于党的百年奋斗重

---

① 习近平：《高举中国特色社会主义伟大旗帜　为全面建设社会主义现代化国家而团结奋斗——在中国共产党第二十次全国代表大会上的报告》，《人民日报》2022年10月26日。

大成就和历史经验的决议》指出:"新民主主义革命时期,党面临的主要任务是,反对帝国主义、封建主义、官僚资本主义,争取民族独立、人民解放,为实现中华民族伟大复兴创造根本社会条件。"①这从创造根本社会条件的高度阐明了新民主主义革命对于中华民族伟大复兴的重大意义。

中国共产党成立初期,党在中国社会性质和制定革命纲领等基本问题上的探索,为创造中华民族伟大复兴根本社会条件奠定了坚实的理论和实践基础。党自创立伊始,就将为中国人民谋幸福、为中华民族谋复兴作为自己的初心使命。要践行这样的初心使命,实现中华民族伟大复兴的宏愿,首先需要对关系民族复兴的若干基本问题作出正确的认识,其中,搞清楚实现中华民族伟大复兴需要什么样的社会条件是首要前提。党成立后不久,在梳理中国近代社会历史发展进程的基础上,认识到帝国主义的侵略和压迫既是近代造成中华民族由盛转衰的重要因素之一,又是阻碍中华民族走向复兴的关键因素之一。帝国主义的侵略和压迫使中华民族丧失了独立主权,而中华民族伟大复兴的主体是中华民族,首先要有个独立完整的民族国家。因此,中华民族伟大复兴的先决条件是民族独立和人民解放。从社会性质的角度说,也就是要结束半殖民地半封建的社会性质。这些理论探索从哲学高度弄清了实现中华民族伟大复兴的基本前提条件,明确中华民族伟大复兴绝不能建立在半殖民地半封建的社会条件之上。

至于如何结束半殖民地半封建的社会、完成革命任务,中国共产党认识到,半殖民地半封建社会的主要矛盾是帝国主义和中华民族的矛盾、封建主义和人民大众的矛盾。基于对社会矛盾的

---

① 《中共中央关于党的百年奋斗重大成就和历史经验的决议》,《人民日报》2021年11月17日。

精准判断，党明确了要实现中华民族伟大复兴必须首先进行反对帝国主义、封建主义和官僚资本主义的斗争，争取民族独立和人民解放，进而为实现中华民族伟大复兴创造根本社会条件。中国共产党之所以要把实现中华民族伟大复兴作为自己的历史使命，之所以能够在对中国社会性质、社会主要矛盾作出准确判断的基础上，抓住抓准实现中华民族伟大复兴的首要条件问题，是因为在当时社会历史条件下诞生的中国共产党，是完全新式的、最为先进的政治力量，它拥有马克思主义先进的思想武器，代表中国社会前进的正确方向，代表中国最广大人民的根本利益。马克思在《〈政治经济学批判〉序言》中曾说："任务本身，只有在解决它的物质条件已经存在或者至少是在生成过程中的时候，才会产生。"[1]只有中国拥有了中国共产党这个新的政治力量，才能提出中华民族伟大复兴的历史使命，才能真正弄清实现中华民族伟大复兴的先决条件问题，才能真正弄清为实现中华民族伟大复兴进行的革命所包含的基本问题。

在中国共产党成立以前，中国人民也为反抗资本帝国主义侵略和本国封建主义压迫进行过长期斗争，但是，在一些关键的基本问题上存在模糊认识和明显缺陷，譬如，革命首先要弄清革命对象[2]，而近代以来很多反抗剥削和压迫的斗争在革命对象问题上的认识不准确，弄不清自己进行的革命究竟要向谁作斗争。义和团运动"扶清灭洋"的口号，说明农民只将帝国主义作为革命对象，而未能看透帝国主义与本国封建主义的关系。国民党在辛亥革命后很长时间没有明确将帝国主义作为斗争目标，说明资产

---

[1]《马克思恩格斯选集》第2卷，人民出版社2012年版，第3页。
[2] 在毛泽东的观念中，这是革命的首要问题。1925年，他在《中国社会各阶级的分析》开篇就提出："谁是我们的敌人？谁是我们的朋友？这个问题是革命的首要问题。"（《毛泽东选集》第1卷，人民出版社1991年版，第3页）

阶级民主派在革命目标这样的首要问题上也缺乏清醒认识。这些连革命目标都弄不明白的革命，其实际成效和历史结局是可想而知的，这也就决定了它们无法承担起实现中华民族伟大复兴的重任。

中国共产党超越了近代以来中国诸多政治力量不能准确认识革命目标的缺陷，将根据中国国情探索出的革命理论与列宁关于民族和殖民地问题的理论相结合，形成了符合中国国情的革命纲领。党的二大通过的《中国共产党第二次全国代表大会宣言》指出"加给中国人民（无论是资产阶级、工人或农民）最大的痛苦的是资本帝国主义和军阀官僚的封建势力"[1]，认清楚压迫和剥削的来源，也就抓准了革命的对象。党明确将资本帝国主义和封建主义作为自己领导的民主革命的对象，打倒了资本帝国主义和本国封建主义的"民主主义革命成功，便可得到独立和比较的自由"[2]。基于对革命对象的准确认识，《宣言》提出党的奋斗目标是："消除内乱，打倒军阀，建设国内和平；推翻国际帝国主义的压迫，达到中华民族完全独立；统一中国为真正的民主共和国。"[3]这实际上是党反帝反封建的民主革命纲领，即党的最低纲领。这样，中国共产党在自己的革命纲领中建构起有关革命对象、革命目标、行动方针与中华民族伟大复兴之间关系的逻辑认知，明确了只有打倒封建军阀和资本帝国主义才能实现民族独立和人民解放，而只有实现民族独立和人民解放才能作为中华民族伟大复兴的社会条件。

在党的二大奠定了建立民主联合战线思想的基础上，党还根

---

[1]《建党以来重要文献选编（1921—1949）》第1册，中央文献出版社2011年版，第132页。
[2]《建党以来重要文献选编（1921—1949）》第1册，中央文献出版社2011年版，第132页。
[3]《毛泽东年谱（1893—1949）（修订本）》上卷，中央文献出版社2013年版，第95页。

据实际情况的发展变化强化了民主联合战线的方针政策。党从对当时中国政治经济实际情况的进一步分析中,特别是从京汉铁路大罢工遭到武力镇压的教训中敏锐地意识到,要打倒封建主义和帝国主义,实现民族独立和人民解放,只依靠工人阶级的力量是不够的,必须建立民主联合战线。基于这种认识,党的三大作出以党内合作的方式同国民党建立联合战线的决定。在标志国共合作正式建立的中国国民党第一次全国代表大会上,对三民主义作了适应打倒帝国主义和封建主义实际需要的新解释:民族主义被赋予了"中国民族自求解放",以及反对帝国主义侵略的含义;民权主义被赋予了自由民主权利为"一般平民所有"的含义;民生主义则有了"平均地权和节约资本"的含义。作为国共合作纲领的新三民主义从指导思想上将帝国主义和封建主义作为革命对象,反帝反封建成为当时中国最大政治力量的基本目标。中国共产党用"国民革命"的概念标示打倒国内封建势力和反抗外国帝国主义的斗争,并将国民革命放在党的全部工作的中心。党的三大明确现阶段"应该以国民革命运动为中心工作"[①]。国共合作将反帝反封建作为基本纲领,调动起全国的革命力量,调动了革命群众运动的积极性,将革命影响推广到全国,塑造了反帝反封建的革命新局面。随着国民革命的蓬勃发展,中国共产党对反帝反封建的认识也逐步深化。党的四大提出在反对国际帝国主义的同时,又加深了对封建主义的认识,不仅将具象化的封建军阀政治作为革命对象,而且从形而上的层面将抽象的"封建的经济关系"纳入革命对象的范围。这是党对反封建认识的一次重要提升。在中国共产党的宣传教育启发下,工会、农民协会等有组织的群众,不同程度地具有了反帝反封建的觉悟。通过反帝反封建

[①]《建党以来重要文献选编(1921—1949)》第1册,中央文献出版社2011年版,第258页。

以争取民族独立和人民解放的认识，已经从党内扩展到党外，具有了广泛的群众基础。这种局面，为大革命时期推进创造中华民族伟大复兴社会条件的历史进程打下了基础。

　　大革命时期，党对革命对象的认知进一步深化，特别是科学分析了反对帝国主义和反对封建主义之间的关系，为在革命实践中准确地抓住革命对象作了更务实的理论思考。国共合作的北伐战争旨在解决北洋军阀，但帝国主义、封建军阀和大地主大资产阶级具有密切的关系，北洋军阀是受帝国主义支持的，因此，北伐战争兼有反帝反封建双重功能，为创造中华民族伟大复兴的根本社会条件作出了独特贡献。大革命时期，党还通过领导群众性斗争给帝国主义以沉重的打击。关税自主是国家独立和主权完整的重要体现。在中国共产党的有力推动下，1925年，爱国群众发动了争取关税自主权运动，通过游行示威揭露帝国主义通过关税控制中国的本质，要求废除不平等条约。1927年，武汉群众占领了汉口英租界，国民革命军接管九江英租界，国民政府收回两个租界。这表明，在当时打击帝国主义具有广泛的国民共识，成为党领导的群众运动的重要目标。中国共产党领导的工人运动给帝国主义和资本主义沉重的打击；同时着力推动工人阶级的觉醒，使工人阶级逐渐从理性上认识到造成自己受压迫和剥削的根源，以更加昂扬的斗志参与到反对帝国主义和资本主义的斗争中。正是受到党领导的伟大革命的感召，大批工人加入到中国共产党中来。农民也在党的影响下实现了新的觉醒。党对农民在民主革命中的地位有了更进一步的认识，党的四大肯定了农民是无产阶级同盟者。1926年，毛泽东在为《农民问题丛刊》写的序言《国民革命与农民运动》中指出，"农民问题乃是国民革命的中心问题"，"若无农民从乡村中奋起打倒宗法封建的地主阶级之特权，则军阀与帝国主义势力总不会根本倒塌"①。毛泽东还担任中央农民运动委员会书记。南方一些地区几乎全体农民都加入了农民协会,造成了农村大革命。农村大革命对封建生产关系造成极大冲击,打击了土豪劣绅和地主,对瓦解封建宗法制度、动摇封建宗法思想发挥了重要作用。总的来说,大革命基本推翻了北洋军阀的反动统治,给封建主义和帝国主义带来了沉重的打击。大革命虽然最终失败了,但正是在这场大革命中,中国共产党提出的反帝反封建的革命目标成为人民共同的心声,使人们受到普遍的革命洗礼。党在全国范围内产生了重大政治影响,党组织也迅速发展起来,为中国革命的继续前进、为创造中华民族伟大复兴的根本社会条件打下了基础。

大革命的失败促使中国共产党更为深刻地思考中国革命。中国共产党意识到,作为当时中国重要政治力量的国民党,无法解决中国半殖民地半封建社会问题,无法改变中国半殖民地半封建的性质。国共合作破裂后,党为解决中国的民族独立和国家解放进行了艰苦卓绝的斗争。从此,中国共产党根据中国国情的这个特点,将革命活动的重心转移到反动势力控制薄弱的农村,找到了农村包围城市、武装夺取政权的正确革命道路。

1935年召开的遵义会议,结束了"左"倾教条主义在党中央的统治,事实上确立了毛泽东同志在党中央和红军的领导地位,开始确立以毛泽东同志为主要代表的马克思主义正确路线在党中央的领导地位,开始形成以毛泽东同志为核心的党的第一代中央领导集体,开启了党独立自主解决中国革命实际问题的新阶段。党逐渐排除了"左"倾和右倾错误的干扰,战胜了各种艰难险阻。

---

① 《毛泽东文集》第1卷,人民出版社1993年版,第39页。

此后，以毛泽东同志为主要代表的中国共产党人在理论上作了深入探索，为即将到来的全民族抗战胜利提供了理论指导。土地革命战争时期，党在井冈山建立革命根据地后，对农民与土地的关系有了更为深入的认识。井冈山革命根据地和湘赣边界基本是农业占主导的区域，湘赣边界土地的60%掌握在地主手里。党意识到，土地关系到农民的切身利益，是农民赖以安身立命的根本。同时，从生产关系的角度看，农民为土地缴纳的租佃以及各种劳役，农民所遭受的种种宗法性的压迫，其总根源是封建的土地制度。废除封建土地制度就成为党在土地革命战争时期的重要任务。1928年，作为党领导土地改革的第一次尝试，颁布了《井冈山土地法》，按人口分配土地，贫苦农民分到土地。1929年，在江西兴国县制定了新的《土地法》，将井冈山土地法中"没收一切土地"改为"没收一切公共土地及地主阶级土地"[1]。这个重大的原则性修改，改善了《井冈山土地法》中因没收一切土地而侵犯中农利益的缺陷，保护了农民的积极性。1930年，党又调整了《井冈山土地法》关于土地所有权归政府而不属于农民的问题，使得农民既有了所有权又有了"租借买卖，由他自主"的交易权，形成了一套符合中国实际的土地革命斗争方案。土地革命时期，经由土地改革，革命根据地特别是赣南和闽西等重要革命根据地，社会结构和阶级关系发生了根本性变革。土地革命是中国民主革命的基本内容之一。只有中国共产党才能真正代表最广大的农民，从根本上改变统治中国几千年的封建制度。生产关系的变革是中华民族伟大复兴社会条件中至为重要的因素，在推进中华民族伟大复兴的历史进程中发挥了重要作用。

抗日战争时期，中国共产党实行正确的抗日民族统一战线，

---

[1]《建党以来重要文献选编（1921—1949）》第6册，中央文献出版社2011年版，第184页。

成为抗日战争的中流砥柱。据不完全统计，八路军、新四军和其他人民抗日武装对敌作战12.5万余次，战略相持阶段在敌后战场抗击着约60%的侵华日军和95%的伪军，建立了19块敌后抗日根据地，[1]形成对日军占领城镇和交通线的反包围态势，敌后战场逐渐成为中国人民抗日战争的主战场。中国共产党支撑起中华民族救亡图存的希望，成为全民族抗战的中流砥柱，为夺取抗战胜利发挥了决定性作用。习近平总书记指出，中国人民抗日战争"赢得了近代以来中国反抗外敌入侵的第一次完全胜利"，"为中华民族由近代以来陷入深重危机走向伟大复兴确立了历史转折点"，"开辟了中华民族伟大复兴的光明前景"。一方面，中国人民用自己的顽强奋战和巨大牺牲，迫使日本归还甲午战争以后从中国窃取的东北、台湾、澎湖列岛等神圣领土，捍卫了国家主权和领土完整，彻底洗刷了近代以来抗击外来侵略屡战屡败的民族耻辱。从此，再也没有侵略者可以在中国的土地上横行肆虐。另一方面，中国人民抗日战争，从一开始就具有拯救人类文明、保卫世界和平的重大意义，是世界反法西斯战争的重要组成部分。中国人民抗日战争开展时间最早、持续时间最长，中国战场长期牵制和抗击了日本军国主义的主要兵力，对日本侵略者的彻底覆灭起到了决定性作用。经历抗日战争锤炼的中国人民，更加坚定了对民族独立、自由、解放的追求。[2]

　　解放战争时期，中国共产党推翻了以国民党蒋介石为代表的帝国主义、封建主义和官僚资本主义的反动统治。历史的事实证明，体现着和平民主理念的政协协议并没有锁住蒋介石发动内战

---

[1] 中央文献研究室：《任弼时传》下卷，中央文献出版社2014年版，第671页。
[2] 习近平：《在纪念中国人民抗日战争暨世界反法西斯战争胜利69周年座谈会上的讲话》，人民出版社2014年版，第1—2页、5—7页。

的基本意图。1946年夏，蒋介石发动全面内战。中国共产党领导人民军队粉碎国民党的进攻，由最初的积极防御转向战略进攻，到1947年冬，人民解放军构成外线和内线作战的新格局，形成全国规模的战略进攻的总形势，成为"一个历史的转折点"。毛泽东对这个转折点的意义作了充分阐释，指出"这是蒋介石的二十年反革命统治由发展到消灭的转折点。这是一百多年来帝国主义在中国的统治由发展到消灭的转折点。"[1]基于全国胜利转折点的到来，中国共产党实施了"打倒蒋介石，解放全中国"的行动纲领，经过辽沈、淮海、平津三大战役，歼灭了国民党军队154万余人，基本摧毁了国民党赖以支持反动统治的武装力量，为全国革命的胜利奠定了坚实基础。中国共产党提出"将革命进行到底"的号召，指出"用革命的方法，坚决彻底干净全部地消灭一切反动势力，不动摇地坚持打倒帝国主义，打倒封建主义，打倒官僚资本主义，在全国范围内推翻国民党的反动统治，在全国范围内建立无产阶级领导的以工农联盟为主体的人民民主专政的共和国"[2]。中国共产党以一往无前的英雄气概同国民党进行殊死斗争，最终取得了解放战争的胜利，实现了全国解放。全国解放战争是新民主主义革命的重要阶段，是继抗日战争之后取得的又一次重大的、全面的胜利，推翻了"三座大山"的反动统治，使得全国人民得到解放，为建立新中国奠定了重要的政治、经济和文化基础，作为新民主主义革命的重要组成部分，解放战争的胜利完成了为中华民族伟大复兴创造根本社会条件的历史使命。

中国共产党领导的新民主主义革命，彻底结束了旧中国半殖民地半封建社会的历史，彻底结束了旧中国一盘散沙的局面，彻

---

[1]《毛泽东选集》第4卷，人民出版社1991年版，第1244页。
[2]《毛泽东选集》第4卷，人民出版社1991年版，第1375页。

底废除了列强强加给中国的不平等条约和帝国主义在中国的一切特权，为中华民族伟大复兴创造了根本社会条件。新民主主义革命的胜利结束了中国人民受奴役和剥削的历史，使中国人民真正成为国家和社会的主人，创造了新生产力中最关键的因素——新的人。

（二）新中国的成立和社会主义改造的完成为中国式现代化奠定根本政治前提和制度基础

新中国成立以后，中国共产党领导中国人民在迅速医治战争创伤、恢复国民经济的基础上，继续推动历史向前发展。根据毛泽东的提议，适时地提出"逐步实现国家的社会主义工业化，并逐步实现国家对农业、对手工业和对资本主义工商业的社会主义改造"的过渡时期总路线。在过渡时期总路线的指引下，奠定了社会主义工业化的初步基础，开辟了一条适合中国国情的社会主义改造道路，从中国实际出发，采用国家资本主义形式与和平赎买政策对资本主义工商业进行改造，这是以毛泽东同志为代表的中国共产党人的独特创造。

马克思主义认为，对剥夺者进行剥夺即消灭私有制，是无产阶级革命的最终目的。但通过什么方式达到这个目的，可根据具体情况而定。马克思、恩格斯曾考虑对资产阶级实行和平赎买，但由于时代的限制未能将设想变成现实。列宁力图实践马克思、恩格斯的设想。由于俄国资产阶级的剧烈反抗，也未能成为现实。毛泽东立足中国实际，成功地将马克思、恩格斯和列宁的设想变成了现实。他科学地分析了中国民族资产阶级的两面性特点，指出："在资产阶级民主革命时期，它有革命性的一面，又有妥协性的一面。在社会主义革命时期，它有剥削工人阶级取得利润的一面，又有拥护宪法、愿意接受社会主义改造的一面。民族资产阶级和帝国主义、地主阶级、官僚资产阶级不同。工人阶级和民族资产阶级之间存在着剥削和被剥削的矛盾，这本来是对抗性的矛盾。但是在我国的具体条件下，这两个阶级的对抗性的矛盾如果处理得当，可以转变为非对抗性的矛盾，可以用和平的方法解决这个矛盾。"①如何用"和平的方法"解决"两个阶级的对抗性矛盾"呢？第一步是变资本主义为国家资本主义，第二步是变国家资本主义为社会主义。通过具有中国特点的国家资本主义形式，对民族资产阶级进行和平赎买，在改造资本主义工商业的同时改造资产阶级分子。把生产资料的资本主义私人所有制改造成社会主义的全民所有制，把剥削者改造成自食其力的劳动者和管理者，既消灭了剥削制度，又消灭了剥削阶级，解决了无产阶级与资产阶级、社会主义与资本主义"谁战胜谁"的问题，实现了深刻的社会变革。邓小平对此给予高度评价："我们的社会主义改造是搞得成功的，很了不起。这是毛泽东同志对马克思列宁主义的一个重大贡献。"②

在毛泽东思想指导下，中国共产党取得了新民主主义革命和社会主义革命的胜利，建立了中华人民共和国，确立了社会主义基本制度。中国从深受帝国主义掠夺和奴役的国家变成享有充分主权、赢得国际社会尊重的国家；从四分五裂的国家变成独立统一的国家；从人民久受压迫欺凌的国家变成人民当家作主、享有民主权利的国家；从经济文化落后的国家变成经济繁荣、社会进步的国家。所有这些，都是新民主主义革命的胜利和社会主义基本制度的建立的必然结果，为当代中国的一切发展进步提供了根

---

① 《毛泽东文集》第7卷，人民出版社1999年版，第206页。
② 《邓小平文选》第2卷，人民出版社1994年版，第302页。

本政治前提。

关于制度。毛泽东在《读社会主义政治经济学批注和谈话》中阐述社会主义与资本主义的优劣时强调："根本的问题是制度问题，制度决定一个国家走什么方向……社会制度变了，这个国家走的方向就要随着改变。"①其意为，制度就是根本，就是方向。

关于国体。国体决定国家性质，规定社会各阶级在国家政权中的地位和作用，是最根本的政治制度，决定和支配其他政治制度。毛泽东领导中国革命的每个时期，都把建立什么样的政权摆在重要位置。土地革命时期，毛泽东主持第一次全国苏维埃代表大会，通过了《中华苏维埃共和国宪法大纲》，确认国体"是工人和农民的民主专政的国家"②。抗日战争时期，由于日本侵略变动了中国的阶级关系，毛泽东又从国体的高度阐释抗日民主政权"只能是在无产阶级领导下的一切反帝反封建的人们联合专政的民主共和国"，"国体——各革命阶级联合专政"。③解放战争时期，毛泽东进一步指出，即将建立的新民主主义政权"是工人阶级领导的人民大众的反帝反封建的政权"。人民大众包括工人阶级、农民阶级、城市小资产阶级和民族资产阶级，以工人、农民和其他劳动人民为主体。工人阶级通过共产党领导国家。随后又将国体准确地概括为"工人阶级（经过共产党）领导的以工农联盟为基础的人民民主专政"，并语重心长地告诫全党和全国人民："这是如同布帛菽粟一样地不可须臾离开的东西。这是一个很好的东西，是一个护身的法宝，直到国外的帝国主义和国内的阶级

---

① 《毛泽东年谱（1949—1976）》第4卷，中央文献出版社2013年版，第321页。
② 《毛泽东年谱（1893—1949）》上卷，中央文献出版社2013年版，第359页。
③ 《毛泽东选集》第2卷，人民出版社1991年版，第675页、677页。

被彻底地干净地消灭之日，这个法宝是万万不可弃置不用的。"①毛泽东关于国体的阐述，总结了中国革命的丰富经验，坚持和发展了马克思主义国家学说，对当代中国制定一切政治制度，具有定向和奠基的重要意义。

关于政体。政体是根本的政治制度，表明国家政权的构成形式。由国体决定并为国体服务。从土地革命时期中华苏维埃共和国的"全国工农兵会议（苏维埃）"，到抗日战争时期各革命根据地的参议会，再到解放战争时期各解放区的"人民代表会议"，实行的都是与国体相适应的民主集中制。解放战争胜利前夕，毛泽东谈到即将建立的新中国，依然强调政体是民主集中制。他说："我们政权的制度是采取议会制呢，还是采取民主集中制？""在中国采取民主集中制是很合适的。""我们提出开人民代表大会"，"不必搞资产阶级的议会制和三权鼎立等"。②于是，体现人民当家作主、有效治理国家的民主集中制，即人民代表大会制度，便成了根本的政治制度。

关于共产党领导的多党合作与政治协商制度。这项基本政治制度，就是适合中国国情的社会主义政党制度。它始于抗日战争时期，定型于解放战争时期，特别是筹建新中国的过程中。毛泽东作为这一制度的创立者，高度重视调动其他政党的积极性。1948年5月1日，他就召开政治协商会议、成立民主联合政府等事宜亲笔致函李济深、沈钧儒："提议由中国国民党革命委员会、中国民主同盟中央执行委员会、中国共产党中央委员会于本月内发表三党联合声明，以为号召。此项联合声明，弟已拟了一个草案，另件奉陈。以上诸点是否适当，敬请二兄详加考虑，予以指

---

① 《毛泽东选集》第4卷，人民出版社1991年版，第1272页、1502—1503页。
② 《毛泽东选集》第5卷，人民出版社1991年版，第136页。

教。三党联合声明内容文字是否适当，抑或不限于三党，加入其他民主党派及重要人民团体联署发表，究以何者适宜，统祈赐示。"①1957年，他在《论十大关系》中又提出："究竟是一个党好，还是几个党好？现在看来，恐怕是几个党好。不但过去如此，而且将来也可以如此，就是长期共存，互相监督。"②毛泽东关于共产党领导的多党合作与政治协商的理论和实践，经过不断的改进和充实，形成中国新型政党制度的基本格局：共产党领导，多党派合作；共产党执政，多党派参政；各民主党派不是在野党和反对党，而是同共产党密切合作的友党和参政党。

关于民族区域自治制度。这项基本政治制度，实质是国家结构形式，即实行单一制还是实行复合制（如联邦制、邦联制等）。在以毛泽东同志为核心的第一代中央领导集体筹划下，第一个实行省级少数民族区域自治的是内蒙古自治区。1947年3月23日，中共中央在《关于内蒙古自治问题的指示》中责成东北局转西满分局："在大会宣言中应确定内蒙自治政府非独立政府。它承认内蒙民族自治区仍属中国版图。并愿为中国真正民主联合政府之一部分。"③新中国成立后，按照毛泽东在中共七届二中全会期间提出"恢复内蒙古历史上的本来面貌"的主张，实现了内蒙古东西部统一的民族区域自治，为在统一的多民族国家和单一制国家实现民族区域自治树立了典范，确定和完善了国家结构形式。

关于基本经济制度。公有制为主体、多种所有制经济共同发展的基本经济制度，经历了一个较长的发展过程。1949年3月，毛泽东在中共七届二中全会的报告中，阐述新中国的经济构成和

---

① 《毛泽东文集》第5卷，人民出版社1996年版，第90—91页。
② 《毛泽东文集》第7卷，人民出版社1999年版，第34页。
③ 《建党以来重要文献选编（1921—1949）》第24册，中央文献出版社2011年版，第121页。

经济制度时明确指出:"国营经济是社会主义性质的,合作社经济是半社会主义性质的,加上私人资本主义,加上个体经济,加上国家和私人合作的国家资本主义经济,这些就是人民共和国的几种主要的经济成分,这些就构成新民主主义的经济形态。"[①]这一设想,为中国人民政治协商会议筹备会委托共产党起草的《共同纲领》所吸纳。这个纲领规定:国家从各方面"调剂国营经济、合作社经济、农民和手工业者的个体经济、私人资本主义经济和国家资本主义经济,使各种社会经济成分在国营经济领导之下,分工合作。各得其所,以促进整个社会经济的发展"[②]。1954年第一届全国人民代表大会第一次会议通过的、由毛泽东主持制定的《中华人民共和国宪法》,重申了这一规定。1953年以后,随着社会主义过渡时期总路线的实施,以及对个体农业、手工业和对资本主义工商业社会主义改造的加快,多种所有制经济只剩下全民所有制和劳动群众集体所有制,形成了单一的生产资料公有制格局。全国范围内基本完成对生产资料私有制的社会主义改造,标志着社会主义制度的确立。

关于文化方向和方针。根据唯物史观基本原理,经济是基础,政治是经济的集中表现,文化是政治和经济的反映。在国家各项制度中,文化是一个不容忽视的重要方面。按照毛泽东关于"制度决定着一个国家走什么方向"的论断,决定文化前进方向的就是文化制度。社会主义文化的制度早在抗日战争时期就初露端倪。1942年5月,毛泽东在延安文艺座谈会上的讲话中强调:"我们的文学艺术都是为人民大众的,首先是为工农兵的,为工农兵而创作,为工农兵所利用的。"他号召革命的、有出息的文

---

① 《毛泽东选集》第4卷,人民出版社1991年版,第1433页。
② 《建国以来重要文献选编》第1册,中央文献出版社1992年版,第7页。

学家艺术家"必须到群众中去，必须长期地无条件地全心全意地到工农兵群众中去，到火热的斗争中去，到唯一的最广大最丰富的源泉中去"①。这些主张，是针对文艺事业提出的，但具有普遍意义，也适用文化事业。当时处在战争年代，这个制度集中表现于为工农兵服务、为政治服务，直到改革开放前。改革开放后发展成"为人民服务，为社会主义服务"。"双百"方针的首次出现，是毛泽东先在1950年为戏曲改革题词"百花齐放，推陈出新"中提到了"百花齐放"。1956年他在此基础上提出了"百花齐放，百家争鸣"。

除了以上重大制度外，毛泽东还主持制定了与这些制度配套的经济体制、政治体制、文化体制、社会体制等各项具体制度，为当代中国的一切发展进步，为后来改革开放和中国特色社会主义事业奠定了全面的制度基础。

（三）改革开放和社会主义现代化建设为中国式现代化提供体制保证和物质条件

改革开放和社会主义现代化建设新时期，是中国式现代化全面开创和实践的关键历史阶段，为中国式现代化的拓展和深化提供了极为丰厚的思想资源和极为坚实的物质基础。改革开放时期所形成的社会主义市场经济体制是中国式现代化的经济体制基础，赋予中国式现代化强大的活力。改革开放所创造的中国奇迹，使中国重回世界民族国家前列，使中华民族伟大复兴展现出从未有过的光明前景。改革开放是决定当代中国命运的关键一招，是实现中国式现代化和中华民族伟大复兴的关键一招。

1979年邓小平提出了"中国式的现代化"的概念，这除了表

---

① 《毛泽东选集》第4卷，人民出版社1991年版，第863、859—860页。

明中国现代化要走自己的路之外，还有一层重要意蕴是认识到中国和西方发达国家的差距，中国要实现那样的现代化还有很长的路要走。一定程度上，邓小平的"中国式的现代化"是"四个现代化"转向"小康"过程中的过渡概念。正如他在会见日本首相大平正芳时谈到的，"我们要实现的四个现代化，是中国式的四个现代化。我们的四个现代化的概念，不是像你们那样的现代化的概念，而是'小康之家'"①。党的十二大将党的十一大提出的20世纪末实现"四个现代化"的目标改为实现小康，确定从1981年至20世纪末，力争使国民生产总值翻两番，使人民生活达到小康水平。党的十三大明确了"三步走"的战略目标，这是中国共产党在新的世界格局下，谋划自身现代化方略的战略目标。

对于中国现代化建设的经济体制，改革开放以后理论和实践的认识不断深化，经历了从"计划经济为主，商品经济为辅""计划经济与商品经济并存"到"有计划的商品经济""国家调节市场，市场引导企业"等阶段。20世纪八九十年代之交，面对国际风云变幻、苏联解体和东欧剧变，邓小平提出"冷静观察、稳住阵脚、沉着应付、韬光养晦、有所作为"的战略。1992年邓小平南方谈话突破了把计划和市场看作是社会主义和资本主义的本质区别的认识，明确提出计划和市场都是手段。党的十四大正式明确了现代化的基本经济体制——社会主义市场经济体制。2002年党的十六大宣告，我国社会主义市场经济体制初步建立。

世纪之交，中国共产党抓住战略机遇期，利用加入世贸组织等全球化机会，奋力发展，使中华民族在新世纪展现了前所未有的发展成就。改革开放进程中，中国共产党团结带领中国人民，

---

① 《邓小平文选》第2卷，人民出版社1994年版，第237页。

解放思想、锐意进取,开创、坚持、捍卫、发展中国特色社会主义,实现了从生产力相对落后的状况到经济总量跃居世界第二的历史性突破,实现了人民生活从温饱不足到全面小康的历史性跨越,为实现中华民族伟大复兴提供了充满新的活力的体制保证和快速发展的物质条件。

改革开放极大改变了中国的面貌、中华民族的面貌、中国人民的面貌、中国共产党的面貌。中华民族迎来了从站起来、富起来到强起来的伟大飞跃!中国特色社会主义迎来了从创立、发展到完善的伟大飞跃。[①]改革开放的历史说明,实现现代化需要独立自主,也需要开放交流。中国正是抓住了经济全球化的浪潮,不断引入资金、技术、管理等要素,参与到世界经济的大循环中,才实现了经济社会发展的"中国奇迹",中华民族伟大复兴才能展现出前所未有的光明前景。

四、中国特色社会主义新时代成功推进和拓展中国式现代化

习近平总书记在党的二十大报告中对中国式现代化作出系统性阐述,标志着中国式现代化理论已经成为初步成形与相对稳定的理论形态。在学习贯彻党的二十大精神研讨班开班式上,习近平总书记进一步强调:"概括提出并深入阐述中国式现代化理论,是党的二十大的一个重大理论创新,是科学社会主义的最新重大成果。""我们进一步深化对中国式现代化的内涵和本质的认识,概括形成中国式现代化的中国特色、本质要求和重大原

---

① 习近平:《在庆祝改革开放40周年大会上的讲话》,人民出版社2018年版,第19页。

则，初步构建中国式现代化的理论体系，使中国式现代化更加清晰、更加科学、更加可感可行。"①中国式现代化是中国共产党领导的、以实现中华民族伟大复兴为目标、创造人类文明新形态的中国特色社会主义现代化。中国式现代化是习近平新时代中国特色社会主义思想的重要理论命题，体现出当代中国马克思主义、二十一世纪马克思主义对于现代化问题的历史性把握，构成了一套崭新的理论体系。

（一）理论体系的构建

一套崭新理论体系的形成，意味着对既有理论观念和思想观点的反思与超越，实现对于特定理论问题的深化认识或拓展式理解。从观念前提看，"中国式现代化"要成为一套崭新的理论体系，其必然要实现对既有现代化理论叙事的扬弃，确立坚实的哲学基础、自我主张与价值内核。

第一，理论体系形成的唯物史观基础。现代化是世界历史进程中的一个阶段，对于现代化问题的理解必然要以历史观作为观念层面的基石。习近平总书记强调，中国式现代化蕴含着独特的历史观，这集中体现在中国式现代化的理论体系坚持历史唯物主义的指导上。历史唯物主义从物质生产的始源出发，对于世界现代化问题的理论揭示具有彻底性。现代化不是某种抽象理念对象化的产物，而是客观的社会历史进程。对此，超越"历史终结论"的抽象悬设，我们应当把握普遍性与特殊性相统一的关系。中国式现代化作为现代化道路的崭新形式，既合乎世界历史发展的一般规律，体现着现代化发展的历史必然性，又有着自身的特殊规定性，形成了独特的发展要求。从历史必然性的角度来看，从传统生产方式向现代生产方式的转变，从前资本主义社会向资本主义社会、社会主义社会的转变，是世界历史发展的一般趋势，中国式现代化的形成与发展从根本上顺应着这一趋势。从历史特殊性的角度来看，中国式现代化具有世界历史意义，能够为世界现代化发展提供崭新的道路选择与经验参照，但归根到底还是基于中国具体实际形成的现代化道路，更多地展现出中国的社会面貌、发展需要与文化特质。总的看来，历史必然性与历史特殊性的统一，构成了中国式现代化理论体系的历史观基石，支撑其拓展现代化发展的"大历史"视野，从更宏阔的历史尺度中实现自身的发展。

第二，理论体系的中国自主知识体系。"西方中心论"认为西方历史、文化、文明优越于非西方，存在着一种"普世主义"的理论冲动。在现代化研究上，"西方中心论"存在着明显的理论误区，即将"现代化"等同于"西方化"。具体看来，其误区之一是将基于西方地方性现代化实践所形成的理论上升为具有"普世"性质的现代化理论。西方是现代化实践的先行地区，展开了广泛的现代化探索，这些探索很多具有启发借鉴意义。但这并不意味着西方现代化的所有探索都应当被照搬到非西方国家。误区之二是用西方现代化理论的概念工具强行解释中国的现代化实践，存在着概念移植与概念误用的情形，缺乏必要的解释力与说服力。概念与理论是认识世界、把握世界的重要方式，理论只有正确解释实践才具有生命力。在西方现代化理论中，很多概念、命题、范畴都是针对西方地理文化特殊性所提出的，我们不能将这些概念视作具有普遍性质的知识，更不能将其简单运用到对于非西方国家现代化实践的理论解释上。

摆脱"西方中心论"对于中国现代化实践的解释误区，建立中国式现代化的理论体系，关键就是要形成中国自主的知识体系。一是这个理论体系是中国的而非西方的。在合理借鉴西方现代化理论的基础上，形成中国式现代化理论体系的自我主张，必须结合中国的具体实际、符合鲜活的中国实践、展现深厚的中国文化、形成鲜明的中国特色。二是这个理论体系是历史的具体的而非抽象的。这里的历史，指的是深入到中国现代化建设的历史现场，对中国式现代化予以辩证的、历史的、具体的看待与理解。中国式现代化的理论体系既关注到优势与特色，也关注到不足与问题，实现对中国现代化建设实践的具体把握。三是这个理论体系是深刻的而非简单的。理论体系不是观点的简单堆砌与任意叠加，必然要求彻底、深刻、全面地解释实践。中国式现代化理论体系之所以是深刻的，正在于理论与实践之间的高度契合性，在于知识与价值之间的高度契合性，在于历史与现实之间的高度契合性，从而透过现代化的现象把握现代化的本质。习近平总书记强调，"中国式现代化，打破了'现代化=西方化'的迷思，展现了现代化的另一幅图景"[1]，中国式现代化理论体系所形成的鲜明自我主张，正是从理论层面上诠释了"现代化的另一幅图景"。

第三，形成理论体系的价值内核。中国式现代化理论体系的定型，正是有赖于其价值内核的稳定性。以人民为中心是中国式现代化理论体系的价值内核。习近平总书记指出："为什么人的问题是哲学社会科学研究的根本性、原则性问题……世界上没有纯而又纯的哲学社会科学……我国哲学社会科学要有所作为，就必须坚持以人民为中心的研究导向。"[2]首先，"为什么人"的问

---

[1]《习近平在学习贯彻党的二十大精神研讨班开班式上发表重要讲话强调 正确理解和大力推进中国式现代化》，《人民日报》2023年2月8日。

[2]《习近平关于社会主义文化建设论述摘编》，中央文献出版社2017年版，第77—78页。

题是坚持与发展中国式现代化理论体系的根本性、原则性问题。对于一种以现代化为核心研究对象的理论体系来说，明确现代化发展"为了谁""依靠谁"的问题，是必要的且重要的。为少数人的现代化辩护还是为绝大多数人的现代化辩护，是检验不同现代化理论体系的试金石。其次，现代化理论体系的构建不可能回避价值导向的问题。现代化理论体系或直接、或间接，或显性、或隐性，都蕴含着一定的价值取向。中国式现代化理论体系，必须旗帜鲜明地阐明自身的价值导向，引导着现代化实践的方向，使理论更好地发挥其改变世界的功能。再次，中国式现代化理论体系所坚持的以人民为中心的价值导向，构成了其与其他现代化理论体系相区别的重要标志。人民性是中国式现代化理论体系的本质属性。以人民为中心的原则要求，体现在中国式现代化理论体系的立论基础、理论观点、研究方法、实践目标等各方面，是一以贯之的核心线索。总而言之，在建构"现代化价值论"的基础之上，中国式现代化理论体系有了明确的价值要求、稳定的价值取向，也由此推动着中国式现代化理论体系的定型与发展。

第四，中国式现代化理论体系的基本构成。关于中国式现代化的领导力量，习近平总书记强调，"中国式现代化，是中国共产党领导的社会主义现代化"。①对于中国式现代化的发展而言，"党的领导直接关系中国式现代化的根本方向、前途命运、最终成败"。②中国共产党是中国式现代化的根本领导力量，是发展中国式现代化理论体系的根本推动力量，推动创造着现代化建设的伟大成就与历史奇迹。历史和实践证明，只有坚持中国共产党领

---

① 习近平：《高举中国特色社会主义伟大旗帜　为全面建设社会主义现代化国家而团结奋斗——在中国共产党第二十次全国代表大会上的报告》，《人民日报》2022年10月26日。
② 《习近平在学习贯彻党的二十大精神研讨班开班式上发表重要讲话强调　正确理解和大力推进中国式现代化》，《人民日报》2023年2月8日。

导，始终发挥与保证领导力量的可靠性、先进性、革命性，中国式现代化才能坚守其根本性质，中国式现代化的发展目标才能行稳致远，才能激发建设中国式现代化的强劲动力与磅礴力量。

关于中国式现代化的根本性质，中国式现代化是社会主义现代化，社会主义是其固有的、内在的制度属性。中国式现代化的"制度属性论"讲的就是社会主义制度对于中国式现代化的内在规定与内在支撑。习近平总书记指出，中国式现代化"体现科学社会主义的先进本质"①。从社会主义发展的要求来看，"科学社会主义基本原则不能丢，丢了就不是社会主义"②。中国式现代化之所以能够葆有活力，正是因为坚持科学社会主义基本原则。中国式现代化创新的步伐不断迈进，但科学社会主义基本原则永远不能丢，并且还要结合现代化实践要求进一步丰富和发展科学社会主义。由于社会主义制度的本质规定，中国式现代化将以人民为中心的价值导向具体化到现代化建设的各个领域，确保现代化建设不偏离正确的方向。

关于中国式现代化的中国特色，中国式现代化是"走自己的路"的理论产物与实践创造。邓小平明确提出"中国式的现代化"的命题，从坚持走自己的路的视角，强调"我们搞的现代化，是中国式的现代化。我们建设的社会主义，是有中国特色的社会主义"。③习近平总书记反思了所谓现代化道路的"固定模式论"，指出"现代化道路并没有固定模式，适合自己的才是最好的，不能削足适履"④。中国式现代化理论体系当中的"中国特

---

① 《习近平在学习贯彻党的二十大精神研讨班开班式上发表重要讲话强调　正确理解和大力推进中国式现代化》，《人民日报》2023年2月8日。
② 《习近平谈治国理政》第3卷，外文出版社2020年版，第76页。
③ 《邓小平文选》第3卷，人民出版社1993年版，第29页。
④ 《习近平出席中国共产党与世界政党领导人峰会并发表主旨讲话》，《人民日报》2021年7月7日。

色",阐明的是中国式现代化区别于其他现代化道路的特质,论述了中国式现代化的科学内涵,即人口规模巨大的现代化、全体人民共同富裕的现代化、物质文明和精神文明相协调的现代化、人与自然和谐共生的现代化、走和平发展道路的现代化。

关于中国式现代化的本质要求,就是由一事物的本质所派生出的要求,具有本质意义上的规定性。习近平总书记在党的二十大报告中系统阐述了中国式现代化九个方面的本质要求,即"坚持中国共产党领导,坚持中国特色社会主义,实现高质量发展,发展全过程人民民主,丰富人民精神世界,实现全体人民共同富裕,促进人与自然和谐共生,推动构建人类命运共同体,创造人类文明新形态"[1]。这九个本质要求规定了中国式现代化的发展方向,确保中国式现代化在发展的过程中"不跑偏""不走样",始终沿着本质要求所规定的方向发展,也为中国式现代化的理论创新明确了要求。

中国式现代化的显著优势,主要体现在物质生产现代化、国家治理现代化、社会建设现代化三个层面,是一种系统性、全局性的优势。恩格斯指出:"一切社会变迁和政治变革的终极原因,不应当到人们的头脑中,到人们对永恒的真理和正义的日益增进的认识中去寻找,而应当到生产方式和交换方式的变更中去寻找。"[2]物质生产现代化的显著优势,在这一有机整体中具有根本性,从根本上制约着其他两个层面的显著优势。中国式现代化能够达到的历史高度、能够展现出的显著优势,与生产力的发展程度有着根本的联系。同时,国家治理现代化层面所形成的显著优

---

[1] 习近平:《高举中国特色社会主义伟大旗帜 为全面建设社会主义现代化国家而团结奋斗——在中国共产党第二十次全国代表大会上的报告》,《人民日报》2022年10月26日。
[2] 《马克思恩格斯文集》第9卷,人民出版社2009年版,第284页。

势，为中国式现代化发展提供了良善的治理条件。国家治理现代化的显著优势，体现在坚持党的集中统一领导、坚持人民当家作主、坚持全面依法治国、坚持全国"一盘棋"等方面，使现代化建设的推进更有效率、更加公平，确保现代化建设处在良性、有序的发展状态。社会建设现代化层面所形成的显著优势，为中国式现代化发展提供了稳定且有活力的社会条件。

（二）战略体系的支撑

党的二十大报告对中国式现代化的战略支撑作了明确阐述：一是"教育、科技、人才是全面建设社会主义现代化国家的基础性、战略性支撑"；二是人民军队"为实现中华民族伟大复兴提供战略支撑"。同时，党的二十大报告也明确了到2035年"建成教育强国、科技强国、人才强国"，以及"国家安全体系和能力全面加强，基本实现国防和军队现代化"的目标任务。这些战略支撑和目标任务，不仅是事关高质量发展、确保国家安全和社会稳定的关键问题，也是推进和拓展中国式现代化、全面建设社会主义现代化国家、全面推进中华民族伟大复兴的重要支撑与保障。

教育是国之大计、党之大计，是人才涌现的基础和科技发展的先导。十年来，我国教育普及水平实现历史性跨越，建成世界上规模最大的教育体系，保障了亿万人民群众受教育的权利，培养了数以亿计的高素质劳动者和技术技能人才。我国正由教育大国向教育强国迈进，教育普及水平显著提升，一批大学和一大批学科正逐步进入世界一流行列，中国高等教育整体水平进入世界第一方阵，在许多领域形成了具有世界意义的"中国方案""中国经验"。

科技是第一生产力，创新在我国现代化建设全局中占据核心地位。新时代的十年是我国科技日新月异发展的黄金期，无数科技工作者见证并参与了我国科技产业的飞跃发展。我国全社会研发投入从2012年的1.03万亿元增长到2021年的2.79万亿元，研发投入强度从1.91%增长到2.44%；世界知识产权组织发布的全球创新指数排名，中国从2012年的第34位上升到2021年的第12位。[①]我国基础研究和原始创新不断加强，一些关键核心技术实现突破，战略性新兴产业发展壮大，载人航天、探月探火、深海深地探测、超级计算机、卫星导航、量子信息、核电技术、新能源技术、大飞机制造、生物医药等取得重大成果，进入创新型国家行列。我国科技事业发生历史性、整体性、格局性重大变化，成功进入创新型国家行列，走出一条从人才强、科技强，到产业强、经济强、国家强的发展道路。

人才是第一资源，培养造就大批德才兼备的高素质人才，是国家和民族长远发展大计。作为实现民族复兴、赢得国际竞争主动的战略性资源，人才是推动科技创新和经济社会高质量发展的关键所在。在中央人才工作会议上，习近平总书记指出，"国家发展靠人才，民族振兴靠人才"，"综合考虑，可以在北京、上海、粤港澳大湾区建设高水平人才高地，一些高层次人才集中的中心城市也要着力建设吸引和集聚人才的平台，开展人才发展体制机制综合改革试点，集中国家优质资源重点支持建设一批国家实验室和新型研发机构，发起国际大科学计划，为人才提供国际一流的创新平台，加快形成战略支点和雁阵格局"。[②]这是党中央

[①]《中国全球创新指数排名上升至第12位 成功进入创新国家行列》，中国新闻网，https://www.chinanews.com.cn/gn/2022/06-06/9772635.shtml。

[②] 习近平：《深入实施新时代人才强国战略 加快建设世界重要人才中心和创新高地》，《求是》2021年第24期。

对新时代人才工作的顶层设计和战略谋划，必将为世界百年未有之大变局中的全球人才事业发展贡献中国智慧、提供中国方案。十年来，我国人才队伍快速壮大，人才效能持续增强，人才比较优势稳步增强，我国人才队伍特别是科技人才队伍量质齐增，形成了全球最完整的学科体系和最大规模的人才体系。全国人才资源总量从2010年的1.2亿人增长到2019年的2.2亿人，其中专业技术人才从5550.4万人增长到7839.8万人。各类研发人员全时当量达到480万人年，居世界首位。①

国家安全是民族复兴的根基，如期实现建军一百年奋斗目标，加快把人民军队建成世界一流军队，是全面建设社会主义现代化国家的战略要求。随着世界百年未有之大变局加速演进，国防和军队现代化建设的重要性不断凸显。十年来，我们贯彻总体国家安全观，以坚定的意志品质维护国家主权、安全、发展利益，国家安全得到全面加强。②

改革强军是强军兴军的重要内容和强大动力，改革强军成就是新时代强军成就的亮丽篇章。作为中华民族伟大复兴的战略支撑，人民军队肩负着新的使命任务，我们要贯彻新时代党的强军思想，贯彻新时代军事战略方针，坚持党对人民军队的绝对领导，坚持政治建军、改革强军、科技强军、人才强军、依法治军，提高捍卫国家主权、安全、发展利益战略能力，打开强军事业发展新局面。新时代中国军队形成了军委管总、战区主战、军种主建新格局，构建"军委—战区—部队"的作战指挥体系和"军委—军种—部队"的领导管理体系，军委机关由总部制改为

---

① 习近平：《深入实施新时代人才强国战略　加快建设世界重要人才中心和创新高地》，《求是》2021年第24期。
② 习近平：《高举中国特色社会主义伟大旗帜　为全面建设社会主义现代化国家而团结奋斗——在中国共产党第二十次全国代表大会上的报告》，《人民日报》2022年10月26日。

多部门制，调整划设战区，重构军兵种领导管理体制，调整武警部队领导指挥体制，改革预备役部队管理体制，强化了中央军委集中统一领导，确保了党对全国武装力量的绝对领导。

全面建设社会主义现代化国家、全面推进中华民族伟大复兴，是前途光明而又任重道远的伟大事业。随着新一轮科技革命和产业变革深入发展，国际力量对比深刻调整，我国发展进入战略机遇和风险挑战并存、不确定难预料因素增多的时期，亟须夯实诸项重要战略支撑。

（三）提供制度保证、物质基础和精神力量

党的十八大以来，以习近平同志为核心的党中央高瞻远瞩、统揽全局、把握大势，提出一系列新理念新思想新战略，引领我国经济发展取得历史性成就、发生历史性变革。

第一，提供坚实的制度保证。中国特色社会主义制度在改革、创新和完善的过程中，更加符合制度构建和运行规律，更加具有科学性合理性有效性。党的十九大后，深化党和国家机构改革，是对党和国家组织结构和管理体制的一次系统性、整体性重构。努力形成更加成熟、更加定型的中国特色社会主义制度，与加快推进国家治理体系和治理能力现代化融为一体。这些都是按照严密完整的科学制度体系要求，坚持和完善中国特色社会主义制度的重大进展。习近平总书记在党对中国特色社会主义制度体系认识成果的基础上，进一步提出中国特色社会主义根本制度、基本制度、重要制度的重要范畴，深化了中国特色社会主义制度的科学性认识，推动了严密完整的中国特色社会主义科学制度体系建设。党的十九届四中全会在我们党已经明确的根本制度、基本制度、重要制度的基础上作出一些新的概括，比如，把社会主

义基本经济制度确定为"公有制为主体、多种所有制经济共同发展，按劳分配为主体、多种分配方式并存，社会主义市场经济体制等社会主义基本经济制度"，明确提出"坚持马克思主义在意识形态领域指导地位的根本制度"，对中国特色社会主义法治体系、中国特色社会主义行政体制、繁荣发展社会主义先进文化的制度、统筹城乡的民生保障制度、共建共治共享的社会治理制度、生态文明制度体系、党对人民军队的绝对领导制度、"一国两制"制度体系、党和国家监督体系等也进一步作出阐述。

中国特色社会主义制度的最大优势是中国共产党领导。中国特色社会主义制度体系，其中具有统领地位的是党的领导制度。党的领导制度是我国的根本领导制度。党的十八大以来，习近平总书记鲜明提出："中国特色社会主义最本质的特征是中国共产党领导，中国特色社会主义制度的最大优势是中国共产党领导，党是最高政治领导力量。"[①]新时代坚持和发展中国特色社会主义的基本方略，第一条就是坚持党对一切工作的领导；我国国家制度和国家治理体系具有多方面的显著优势，坚持党的集中统一领导是首要优势。中国特色社会主义制度是由根本制度、基本制度、重要制度构成的制度体系，这个制度的核心是中国共产党。党的领导既是中国特色社会主义制度的核心内容，又是中国特色社会主义制度的构建主体。国家制度体系的四梁八柱依靠党的领导坚持巩固、完善发展，国家制度体系的方方面面依靠党的领导总揽全局、协调各方。

新时代与时俱进完善和发展中国特色社会主义制度，不断固根基、扬优势、补短板、强弱项，使各方面制度更加成熟更加定

[①] 习近平：《高举中国特色社会主义伟大旗帜　为全面建设社会主义现代化国家而团结奋斗——在中国共产党第二十次全国代表大会上的报告》，《人民日报》2022年10月26日。

型。我国社会主要矛盾已经转化为人民日益增长的美好生活需要和不平衡不充分的发展之间的矛盾，这包括人民对完善制度的需要和制度建设不平衡的矛盾。制度建设的目标必须随着实践发展而与时俱进，既不能过于理想化、急于求成，也不能盲目自满、故步自封。党的十九届四中全会《决定》的内容很多都是我国国家制度和国家治理体系建设中的空白点和薄弱点，具有鲜明的问题导向。十三届全国人大三次会议通过的《民法典》，正是适应中国特色社会主义发展要求，依据社会主义核心价值观，着力保护民事主体的合法权益，调整民事关系，维护社会和经济秩序的法律制度。

第二，提供坚实的物质基础。新时代党领导人民创造了世所罕见的经济快速发展奇迹和社会长期稳定奇迹，经济建设成就举世瞩目。党的十八大以来，我国经济持续健康发展，综合国力显著增强，国际影响力稳步提升。2013年至2021年，我国经济年均增长6.6%，对世界经济增长的平均贡献率超过30%，成为世界经济增长的主要稳定器和动力源；2021年我国国内生产总值突破110万亿元，占世界经济的比重达18.5%，比2012年提高7.2个百分点，人均国内生产总值接近世界银行划分的高收入国家门槛值；同时，我国稳居世界第二大经济体、第一大工业国、第一大外汇储备国位置，全面建成小康社会，党带领人民意气风发向着第二个百年奋斗目标迈进。回首这十年，我国经济实力、科技实力、综合国力跃上新台阶，为实现中华民族伟大复兴奠定了更为坚实的物质基础。

经济工作是党和国家的中心工作，做好经济工作是党治国理政的重大任务。党的十八大以来，以习近平同志为核心的党中央提出一系列新理念新思想新战略，在实践中形成和发展了习近平经济思想。习近平经济思想深刻回答了新时代经济发展怎么看、怎么干等一系列重大理论和实践问题，是我国经济高质量发展、全面建设社会主义现代化国家的科学指南，为我们做好新时代经济工作指明了正确方向、提供了根本遵循。十年风雨兼程，正是因为习近平经济思想提供科学指引和行动指南，中国经济才能克服涉滩之险、闯关之难、爬坡之艰，在战胜风险挑战中发展、在历经压力测试后壮大。①

第三，提供了强大的精神力量。习近平主席在2023年新年贺词中指出："今天的中国，是赓续民族精神的中国。"②民族精神，体现一个民族在长期历史演变中涵养而成的基本价值，是牢固而持久的文化基因。中华民族是世界上古老而伟大的民族，创造了绵延5000多年的灿烂文明，孕育出以爱国主义、自强不息、民为邦本、革故鼎新、天下为公等为内容的伟大民族精神，激励着一代又一代中华儿女为了中华民族的生存和发展而不懈奋斗。党的十八大以来，以习近平同志为核心的党中央站在中国特色社会主义进入新时代的历史方位和实现中华民族伟大复兴的战略高度，坚持把马克思主义基本原理同中国具体实际相结合、同中华优秀传统文化相结合，弘扬以伟大建党精神为源头的中国共产党人精神谱系，团结带领全党全国各族人民在中华大地上构筑新时代中华民族精神大厦。爱国主义是中华民族精神的核心标识。爱国主义精神自古以来就流淌在中华民族血脉之中。中华儿女的爱国情怀感天动地，至今仍是维系、激励中华民族最重要的精神力量。自强不息是中华民族精神的内在动力，民为邦本是中华民族

---

① 仲音：《成为世界经济增长的主要稳定器和动力源——新时代的历史性成就和变革②》，《人民日报》2022年10月9日。
② 《国家主席习近平发表二〇二三年新年贺词》，《人民日报》2023年1月1日。

精神的价值立场，革故鼎新是中华民族精神的发展逻辑，天下为公是中华民族精神的理想目标。伟大民族精神铸就了中华民族独有的品格和气魄，是中华民族须臾不可或缺的精神基因和思想资源，是中华民族数千年来一直坚定前行在自己的历史大道上的底气和动力。中国共产党人是中华优秀传统文化的忠实继承者和弘扬者，始终高度重视对中华民族精神的继承和发展，始终坚持不懈地用马克思主义真理的力量激发中华民族精神的时代活力，不断赋予民族精神新的时代内涵，把民族精神融入中国共产党人的价值理想，用中华民族创造的一切精神财富滋养自己，使中华文明再次迸发出强大精神力量。①

在习近平新时代中国特色社会主义思想科学指引下，中华民族的活力、潜力、创造力不断被激发出来，党和国家各项事业蓬勃发展，中华文明日益繁荣昌盛。在新时代十年的伟大变革中，我们党和国家焕发出前所未有的历史主动精神、历史创造精神，中华民族精神大厦巍然耸立。

---

① 高翔：《赓续民族精神的伟大时代》，《人民日报》2023年2月17日。

第二章

中国式现代化历史观的理论基础

中国式现代化蕴含的独特历史观以马克思主义唯物史观为基础，体现了中国式现代化道路的普遍性与特殊性、连续性与阶段性的统一，深刻彰显了正确党史观和大历史观的核心要义和宏阔视野。

一、科学的唯物史观

（一）现代化是客观的普遍的社会发展过程

现代化是一个历史过程，具有其内在的历史逻辑。18世纪出现了蒸汽机等重大发明，成就了第一次工业革命，开启了人类社会现代化历程。现代化起始于西方，是生产力发展到一定阶段的历史性产物。现代化是近代以来人类寻求自我进步的重要方式，人类正是在现代化进程中一步步走向现代社会。现代化总是具体的，具体的现代化的特征具有多样性，同时，随着历史发展而发展变化。现代化任务的普遍性，只有通过每一民族在其社会历史发展中的具体性才可能得以实现。然而，历史上，西方国家试图将其现代化模式作为"超历史的"一般公式先验地强加于人，这种做法既不符合世界现代化发展的历史规律，也难以真正推动世界现代化历史进程。

从世界现代化的历史进程来看，后发国家的现代化发展都要经历"跟跑"和"追赶"的历史过程。从我国情况来看，1840年鸦片战争后，中国在外国的侵略之下被动卷入由西方国家主导的现代化体系，中华民族奋起抗争，也由此拉开中华民族探索适合自身现代化道路的序幕。在现代化道路的探索过程中，一代代志士仁人苦苦求索，进行各种尝试，但都以失败告终。探索中国现代化道路的重任，历史地落在了中国共产党人身上。

从历史观来看，中国式现代化同中华民族伟大复兴紧密相关。中国共产党领导和推动的中国式现代化进程，历史地、必然地肩负着实现中华民族伟大复兴的使命。习近平总书记指出："中国共产党100多年团结带领中国人民追求民族复兴的历史，也是一部不断探索现代化道路的历史。"①新中国成立后，面对百废待兴、一穷二白的现状，国家富强、民族复兴的艰巨任务摆在中国共产党人面前。毛泽东发出"将我们现在这样一个经济上文化上落后的国家，建设成为一个工业化的具有高度现代文化程度的伟大的国家"的号召。经过不懈探索，我们党提出建设"四个现代化"，新中国逐步建立起独立的比较完整的工业体系和国民经济体系。进入改革开放新时期，我们党作出把党和国家工作中心转移到经济建设上来、实行改革开放的历史性决策，提出"中国式的现代化""小康之家""三步走"发展战略等一系列关于中国式现代化的标识性概念，作出一系列重大理论和实践创新，引领和推动我国社会主义现代化建设不断迈出坚实步伐。党的十八大以来，以习近平同志为核心的党中央在已有基础上继续前进，为推进中国式现代化提供了根本遵循、坚实战略支撑，不断实现理论和实践上的创新突破，成功推进和拓展了中国式现代化。

---

① 习近平：《携手同行现代化之路——在中国共产党与世界政党高层对话会上的主旨讲话》，《人民日报》2023年3月16日。

(二) 中国式现代化道路是普遍性和特殊性的统一

现代化具有普遍性，也具有特殊性。从社会制度上划分，有资本主义现代化和社会主义现代化；从地域上划分，有欧美或西方的现代化和中国等国的现代化；从社会领域的角度划分，有农业现代化、工业现代化、国防和军队现代化等。《中共中央关于党的百年奋斗重大成就和历史经验的决议》指出："党领导人民成功走出中国式现代化道路，创造了人类文明新形态，拓展了发展中国家走向现代化的途径。"[1]这一重要论断明确提出了"中国式现代化道路"概念。运用马克思主义的矛盾观辩证把握中国式现代化道路的意涵，不仅能为我们提供关于中国式现代化道路的正确认识，而且能为我们继续走好这条道路提供理论指导。

世界是由矛盾组成的，矛盾存在的绝对性决定了矛盾分析方法作为认识工具的必要性。在马克思主义矛盾观的视阈内，"中国式现代化道路"是一个包含着深刻辩证关系的重大命题，具有对立统一的矛盾属性。在中国式现代化的具体存在中，从矛盾属性看，其实是普遍性与特殊性的统一；从实践机制看，是现代化中国和中国化现代化的双向统一。

矛盾的普遍性和特殊性关系，亦即矛盾的共性和个性、一般和个别的关系。中国式现代化道路具有鲜明的特殊性，因为我们所走的这条路是"自己的路"而非"别人的路"。独特的历史命运、文化传统和基本国情，决定了我们只能走适合自己特点的现代化道路，进而造就了中国式现代化道路的特殊性。这种特殊性反映的是我们从中国国情出发而确立的现代化之中国探索。邓小

---

[1] 《中共中央关于党的百年奋斗重大成就和历史经验的决议》，《人民日报》2021年11月17日。

平在党的十二大开幕词中指出："我们的现代化建设，必须从中国的实际出发。"①习近平总书记强调："现代化道路并没有固定模式，适合自己的才是最好的，不能削足适履。"②可见，中国式现代化道路之"中国式"的基本逻辑意蕴，就是要坚持中国特色、切合中国实际。同时，中国式现代化道路还拥有一系列十分重要的内在规定性或根本特性，如要坚持党的领导，因为中国共产党是中国式现代化的领导核心；要坚持人民至上，因为中国式现代化是为了人民、依靠人民、其成果要由人民共享的现代化；要坚持马克思主义的指导，因为中国式现代化的指导思想是马克思主义尤其是当代中国马克思主义、二十一世纪马克思主义，马克思主义指导着中国式现代化建设，中国式现代化验证着马克思主义的真理力量；要坚持独立自主，走中国式现代化道路须由中国人民自己做主、自己来主导；要坚持中国道路，中国式现代化道路当然是一条中国道路，这条道路体现和保持着中国特色社会主义的性质，只有这条道路，才能真正实现社会主义和现代化的高度契合，也才能真正把我国建成富强民主文明和谐美丽的社会主义现代化强国。

中国式现代化是现代化理论和中国国情的有机结合，呈现着两种逻辑向度。一是现代化要求的向度；二是中国特色要求的向度。所谓现代化要求的向度，是指中国式现代化是整个世界现代化的一部分，或是世界现代化之中国化的表现。习近平总书记指出："从历史的长镜头来看，中国发展是属于全人类进步的伟大事业。"③中国式现代化既具有"中国式"，还具有现代化的共性。

---

① 《邓小平文选》第3卷，人民出版社1993年版，第2页。
② 《习近平出席中国共产党与世界政党领导人峰会并发表主旨讲话》，《人民日报》2021年7月7日。
③ 《习近平谈治国理政》第3卷，外文出版社2020年版，第213页。

具体而言，既然中国式现代化是整个世界现代化的有机组成部分，那么中国式现代化就必须遵循现代化的一般规律，要按照现代化的基本原则或基本路径加以推进，要体现现代化的共性，因为这种共性使中国式现代化具有了现代化的特征，属于现代化的范畴，而不是别的什么化。中国式现代化的现代化特征要求我们必须"胸怀天下"，即我们在推进中国式现代化进程中要有一种新时代的"天下观"，要以世界眼光或基于整个人类现代化的历史进程来关注我国的现代化建设问题，要从世界现代化的大趋势、全球发展的大格局、中国进步的大方向来正确认识和处理中国式现代化与世界现代化的关系，在中国式现代化的实践进程中，要坚持开放、不搞封闭，坚持互利共赢、不搞零和博弈，坚持主持公道、伸张正义，站在历史正确的一边，站在人类进步的一边。

（三）执政党的建设水平是现代化成功与否的关键因素

习近平总书记指出："我们党历经千锤百炼而朝气蓬勃，一个很重要的原因就是我们始终坚持党要管党、全面从严治党，不断应对好自身在各个历史时期面临的风险考验，确保我们党在世界形势深刻变化的历史进程中始终走在时代前列，在应对国内外各种风险挑战的历史进程中始终成为全国人民的主心骨！"[1]一百多年来，党的建设水平不断提高，创造了举世瞩目的人间奇迹，成为决定中国式现代化取得成功的关键因素。

马克思主义中国化时代化理论成果丰硕，全党马克思主义理论水平不断提高。中国共产党是在马克思主义指导下建立起来

---

[1] 习近平：《在庆祝中国共产党成立100周年大会上的讲话》，人民出版社2021年版，第19页。

的，马克思主义始终是党的根本指导思想，指导立党立国、兴党兴国。我们党深刻认识到，必须把马克思主义基本原理同中国具体实际相结合、同中华民族优秀传统文化相结合，不断推进马克思主义中国化时代化。一百多年来，我们党坚持解放思想和实事求是相统一、培元固本和守正创新相统一，不断开辟马克思主义新境界，创立了毛泽东思想、邓小平理论，形成了"三个代表"重要思想、科学发展观，创立了习近平新时代中国特色社会主义思想，为党和人民事业发展提供了科学理论指导。马克思主义中国化的这些重大成果，被及时写入党章，成为我们党的指导思想，在中国革命、建设、改革的实践中发挥了科学指导作用。与此同时，我们党始终坚持用中国化的马克思主义武装全党，自觉把理论与实践结合起来，把改造客观世界与改造主观世界统一起来。通过整党整风、集中性教育、经常性学习等举措，着力提高党员干部理论修养和运用理论解决实际问题的能力。党的十八大以来，全党认真学习贯彻习近平总书记关于思想建党、理论强党的一系列重要论述，党的思想理论建设迈出重要步伐。

始终不渝坚定共产主义远大理想和中国特色社会主义共同理想，凝聚起为党的事业团结奋斗的强大精神力量。我们党是具有崇高理想和革命精神的马克思主义政党，自成立之日起就把实现共产主义作为最高理想和最终目标。每名共产党员在入党的时候，都宣誓为实现共产主义奋斗终身。无数共产党员胸怀崇高理想，出生入死、浴血奋战、苦干实干、无私奉献，许多人甚至献出了宝贵生命。井冈山的常青松柏，长征途中的雪山草地，延安窑洞不熄的油灯，大庆油田为国家献出的滚滚石油，汶川抗震救灾和抗击新冠疫情第一线的一面面党旗……这一切都记载着崇高理想的光彩诗篇，唱响着优良传统的高亢赞歌，闪耀着革命精神的熠熠光芒。党的十八大以来，习近平总书记反复强调坚定理想信念，要求广大党员干部"筑牢信仰之基、补足精神之钙、把稳思想之舵"，"进一步发扬革命精神，始终保持艰苦奋斗的昂扬精神"。通过深入开展主题教育等党内集中教育，广大党员干部进一步坚定了共产主义远大理想和中国特色社会主义共同理想，为进行伟大斗争、建设伟大工程、推进伟大事业、实现伟大梦想提供了有力精神支撑。

高度重视从政治上建设党，保证全党服从中央，维护党中央权威和集中统一领导。旗帜鲜明讲政治，是中国共产党的鲜明特征和政治优势。我们党从成立之日起就高度重视从政治上建设党，把保证全党服从中央、维护党中央权威和集中统一领导作为党的政治建设的首要任务。党的十八大以来，在以习近平同志为核心的党中央领导下，党的政治建设得到全面加强，被纳入党的建设总体布局并摆在首位，明确了政治建设在党的建设中的统领地位。党内政治生活的政治性、时代性、原则性、战斗性显著增强，政治纪律和政治规矩更加严明，广大党员干部政治信仰更加坚定，政治意识、大局意识、核心意识、看齐意识不断强化，政治判断力、政治领悟力、政治执行力不断提高，做到"两个维护"更加自觉。可以说，加强党的政治建设是贯穿我们党百年奋斗历程的一条主线，决定着党的建设的方向和效果，使我们党始终保持马克思主义政党的政治本色。

探索并坚持实现中华民族伟大复兴的正确道路，党的领导水平和执政能力不断提高。中国共产党自成立之日起，就义无反顾肩负起实现中华民族伟大复兴的历史使命，成为中国人民的主心骨，发挥着坚强领导核心作用。一百多年来，我们党紧密结合中国国情，运用中国化的马克思主义，解决了中国革命、建设、改革中的一系列重大理论和现实问题。为取得新民主主义革命的胜利，党开辟了农村包围城市、武装夺取政权的正确革命道路，带领中国人民推翻了帝国主义、封建主义和官僚资本主义"三座大山"，建立了新中国。在迅速医治战争创伤、恢复国民经济的基础上，制定了过渡时期总路线，确立了社会主义基本制度，社会主义建设在探索中取得伟大成就。在改革开放新时期，开辟了中国特色社会主义道路，制定了党在社会主义初级阶段的基本路线和一系列改革开放的重大方针政策，推动社会主义现代化建设不断取得新成就。中国特色社会主义进入新时代，我们党深刻认识到我国社会主要矛盾的转变，进一步明确提出新时代党的历史使命，擘画实现中华民族伟大复兴中国梦的战略目标，提出坚持和发展中国特色社会主义的总体布局、战略布局和基本方略，完善各领域的方针政策，引领社会主义现代化航船乘风破浪、扬帆远航。在领导中国革命、建设、改革的伟大实践中，党的领导水平和执政能力不断提高，领导方法和执政方式不断改进。与此同时，我们党突出强调坚持和加强党的全面领导，坚持科学执政、民主执政、依法执政，党的领导制度进一步完善，确保党始终成为中国特色社会主义事业的坚强领导核心。

牢记为人民谋幸福、为民族谋复兴的初心和使命，以优良作风赢得广大人民群众拥护和支持。一百多年来，我们党矢志践行初心使命，坚持全心全意为人民服务，努力实现好、维护好、发展好最广大人民的根本利益。在长期为人民利益奋斗的实践中，我们党形成并发扬理论联系实际、密切联系群众、批评和自我批评等一系列优良作风，不断加强党的作风建设，同各种背离党的宗旨的不正之风作坚决斗争。党的十八大以来，以习近平同志为核心的党中央把解决"四风"等作风问题作为全面从严治党的切入点和突破口,以刀刃向内的自我革命精神整治各种不正之风,大力倡导和弘扬党的优良作风,党内形成了风清气正的政治生态。在脱贫攻坚的主战场,在抢险救灾的第一线,在抗击疫情的战斗中,广大党员干部冲锋在前、舍生忘死,展现了新时代中国共产党人的崭新精神风貌。

党员干部队伍不断发展壮大、素质不断提高,充分发挥了党的组织体系的强大功能和作用。党的力量来自组织。我们党自成立之日起,就把组织建设作为党的建设的重要基础。从革命战争年代提出并坚持"支部建在连上",积极壮大党员队伍;到新中国成立后提出"为更高的共产党员的条件而斗争",建设适应社会主义建设需要的干部队伍;再到改革开放新时期提出并坚持干部队伍革命化、年轻化、知识化、专业化方针,加强各领域基层党组织建设,党员干部队伍素质不断提高,为实现党的使命任务提供了坚强组织保证。党的十八大以来,习近平总书记提出新时代党的组织路线,为建设坚强有力的组织体系提供了根本遵循,同时提出新时期好干部标准,强调建设高素质专业化干部队伍;提出以提升组织力为重点,突出政治功能,推动基层党组织全面进步、全面过硬;提出把党员管住管好,使每名党员都成为一面鲜红的旗帜,在改革发展稳定中充分发挥先锋模范作用。根据以习近平同志为核心的党中央的部署要求,党的组织建设全面加强,党的组织体系的强大优势充分彰显。从1921年建党时的50多名党员,到1949年新中国成立时的448.8万名党员,再到2022年12月31日的9804.1万名党员,基层党组织506.5万个,党的队伍不断发展壮大。工人、农民、知识分子、军人以及新社会阶层中的大批优秀分子源源不断加入党组织,党员队伍结构不断优化。党性教育不断推进,党员素质普遍提高,涌现出一大批优秀共产党员和党的干部，成为全党、全国人民的学习榜样。

坚持和健全民主集中制，制度治党、依规治党水平不断提高。在革命战争年代，我们党强调坚持民主集中制原则，克服了极端民主化、自由主义、山头主义等错误倾向，纠正了不讲民主、独断专行的"家长制"作风。新中国成立后，我们党成功将民主集中制运用于国家政权建设，强调各级政权机关一律实行民主集中制，并将其作为国家的根本组织制度和领导制度写入宪法。改革开放后，我们党明确提出制度问题更带有根本性、全局性、稳定性、长期性，作出了《关于加强党的建设几个重大问题的决定》，制定出台了党员权利保障条例、地方和基层党组织选举制度、党内监督制度等一系列法规文件。党的十八大以来，以习近平同志为核心的党中央高度重视制度建设，制定出台了210部中央党内法规，党的制度体系日益健全，党的制度建设迈出新的重要步伐。

习近平总书记指出："新的征程上，我们要牢记打铁必须自身硬的道理，增强全面从严治党永远在路上的政治自觉，以党的政治建设为统领，继续推进新时代党的建设新的伟大工程，不断严密党的组织体系，着力建设德才兼备的高素质干部队伍，坚定不移推进党风廉政建设和反腐败斗争，坚决清除一切损害党的先进性和纯洁性的因素，清除一切侵蚀党的健康肌体的病毒，确保党不变质、不变色、不变味，确保党在新时代坚持和发展中国特色社会主义的历史进程中始终成为坚强领导核心！"[1]习近平总书记的重要论述，为继续推进新时代党的建设新的伟大工程提供了根本遵循。

---

[1] 习近平：《在庆祝中国共产党成立100周年大会上的讲话》，人民出版社2021年版，第19—20页。

从建党的开天辟地，到新中国成立的改天换地；从改革开放的翻天覆地，到党的十八大以来党和国家事业取得历史性成就、发生历史性变革，中国共产党写下了彪炳史册的壮丽篇章，展现了世界第一大党的光辉形象。在新的历史起点上，我们要总结好、传承好、发扬好党的建设的宝贵经验，坚决贯彻落实习近平总书记关于党的建设和组织工作的重要思想，守正创新、开拓进取，不断开创新时代党的建设新境界，把党的建设新的伟大工程继续推向前进，不断推进和拓展中国式现代化。

（四）中国式现代化的理论创新是持续进行的过程

中国式现代化是在中国共产党领导下沿着社会主义道路、瞄准科学社会主义目标自主探索出的现代化新路。作为中国共产党带领全国各族人民筚路蓝缕、创榛辟莽，探索开拓的现代化道路，中国式现代化立足中国国情，探索出了符合中国实际的现代化道路。实现现代化是贯穿中国共产党百年奋斗历程的主线。但是，在不同的历史时期，中国共产党对现代化的具体内涵、具体要求、具体衡量标准的把握也存在差异。

在新民主主义革命时期，中国共产党在领导中国革命的同时，就结合马克思主义理论和中国的实际，提出了"一化"即"国家工业化"的现代化理论内容。在新中国成立以后的社会主义革命时期，中国共产党结合领导中国革命和建设的实际情况与经验，在工业化的基础上进一步得到了拓展。提出"建设社会主义，原来要求是工业现代化、农业现代化、科学文化现代化，现在要加上国防现代化"[①]。

[①]《毛泽东文集》第8卷，人民出版社1999年版，第116页。

改革开放以后，中国共产党在新民主主义革命、社会主义革命和建设时期确立的四个"现代化"的基础上，进一步提出了"小康"这一具有中国特色的现代化概念和目标。党的十五大上，进一步对中国实现现代化的理论路径进行了分析，提出了可持续发展战略。党的十六大进一步明确了中国共产党在21世纪头20年经济建设和改革的主要任务，即完善社会主义市场经济体制，推动经济结构战略性调整，基本实现工业化，大力推进信息化，加快建设现代化，保持国民经济持续快速健康发展，不断提高人民生活水平。在党的十六大以后的十年中，中国共产党围绕以人为本和全面发展的中心，全面推进经济、政治、文化建设，推动实现经济发展与社会的全面进步，协调发展。

党的十八大以来，中国共产党开启了中国特色社会主义现代化建设的新阶段，对现代化的理论内涵进行进一步的丰富和梳理，形成了包括"五位一体"总体布局和"四个全面"战略布局，确定了稳中求进的工作总基调，统筹发展和安全，明确我国社会主义矛盾，并强调紧紧围绕社会主要矛盾推进各项工作，不断丰富和发展人类文明新形态。

中国式现代化理论发展历程表明，中国式现代化的提出并非偶然，而是中国共产党领导中国人民实现现代化的必然。中国式现代化是在充分吸收马克思主义、毛泽东思想和中国特色社会主义理论体系内容的基础上进一步提出的更加符合新时代中国特色社会主义发展实际的现代化道路。党的二十大提出的"中国式现代化"是党对之前探索形成的社会主义现代化理论内容的进一步提炼、概括和全新定义，是马克思主义中国化时代化的最新理论创新成果。

二、正确的党史观

（一）坚持历史唯物主义

马克思主义辩证唯物主义和历史唯物主义是科学的世界观和方法论，它是我们党开展一切工作的指路明灯。辩证唯物主义和历史唯物主义是对自然、人类思维和人类社会一般规律进行的普遍性概括，为中国共产党人提供了分析处理一切问题的思想方法。坚持辩证唯物主义和历史唯物主义世界观和方法论，才能在新时代继续把改革开放推向前进。它是我们党解决当前和今后一个时期关系党和国家工作全局的一系列重大理论和现实问题的哲学依据。

习近平新时代中国特色社会主义思想为我们树立了灵活运用马克思主义的世界观和方法论的光辉典范。习近平总书记告诉我们，"前进道路上，我们要增强战略思维、辩证思维、创新思维、法治思维、底线思维"[1]。这就要求我们，掌握唯物辩证法，加强宏观思考和顶层设计，坚持问题导向，聚焦我国发展面临的突出矛盾和问题。善于在复杂形势下分析问题、抓主要矛盾，这样才能够扭住牵一发而动全身的"牛鼻子"。要了解问题和矛盾之所在，就要深入调查研究，同时要鼓励基层大胆探索，在多样性探索中摸索出正确的改革路径和方法。习近平总书记多次强调，要把制定目标和狠抓落实结合起来。我们要拿出抓铁有痕的韧劲，以钉钉子精神抓好落实，确保各项重大改革举措落到实处。在新时代新征程中，我们既要有敢为天下先、敢闯敢试的精神和

---

[1] 习近平：《在庆祝改革开放40周年大会上的讲话》，人民出版社2018年版，第39页。

干劲，又要积极稳妥、蹄疾步稳，把改革发展稳定统一起来，坚持方向不变、道路不偏、力度不减，推动新时代改革开放走得更稳，走得更远。

习近平总书记在十九届中央政治局第五次集体学习时指出，"学习马克思主义基本理论是共产党人的必修课。通过重温经典，感悟马克思主义的真理力量，坚定马克思主义信仰，追溯马克思主义政党保持先进性和纯洁性的理论源头，提高全党运用马克思主义基本原理解决当代中国实际问题的能力和水平"[①]。历史唯物主义与剩余价值理论并列，构成了马克思一生学术研究的两大发现。作为中国共产党人践行社会主义伟大理想的有力理论武器，在重大国际事务应对的问题上，坚持历史唯物主义的方法是必要的、科学的、有利的。

历史唯物主义的方法能够科学、准确地解释国际秩序变迁的逻辑。不论是西方国际政治理论，还是西方国际政治经济学理论，都存在较为明显的"头痛医头、脚痛医脚"的问题，往往只能针对某一特殊历史时期或历史事件，做出相对形而上的理论解释。历史唯物主义则具有与之完全不同的建构逻辑，其根本区别在于前者强调作为人类社会存在和发展基础的物质资料生产的重要性。正如恩格斯在马克思墓前的讲话中指出的，"马克思发现了人类历史的发展规律，即历来为繁芜丛杂的意识形态所掩盖着的一个简单事实：人们首先必须吃、喝、住、穿，然后才能从事政治、科学、艺术、宗教等等；所以，直接的物质的生活资料的生产，从而一个民族或一个时代的一定的经济发展阶段，便构成基础，人们的国家设施、法的观点、艺术以至宗教观念，就是从这个基础上发展起来的，因而，也必须由这个基础来解释，而不

---

① 习近平：《学习马克思主义基本理论是共产党人的必修课》，《求是》2019年第22期。

是像过去那样做得相反。"①所以，看似纷繁复杂的国家间关系与其他一系列重大的国际事务问题，都可以也必须首先建立在以历史唯物主义为主要研究方法进行分析的前提之下，才有可能更为精确地提出相应的解决方案。

历史唯物主义在强调物质资料生产核心作用的同时，也极为看重分工协作对生产力提升的重要意义。生产力越发达，就越需要分工协作，这种社会化的分工也体现在国际生产与贸易体系之中。按照历史唯物主义的基本逻辑，劳动者在分工协作的过程中，因其发挥不同的作用而处于不同的地位，由此产生的关系便是生产关系；在国家间关系中，安全、尊严需要以及权力欲望等因素固然在一定程度上影响着国家行为的取向，但对于以国内生产关系为基础的现代国家而言，尽可能地争取在全球化生产与贸易体系中取得上游地位，即国际生产关系中的优越地位才是其最根本的对外政策驱动力。随着时间的推移，全球化生产与贸易体系开始走向成熟，各个发达工业国家间的关系协调能力较二战之前出现了极大的提升，但"发展不平衡"的"病灶"并未消除。这就意味着，人类历史的发展非但没有走到"终结"，反而面临着新的危机与挑战。当今，发达资本主义国家内部不断出现对现行体制不满，要求施行明显带有社会主义性质的政策的呼声。可以说，包括国际秩序在内的全球整体政治发展趋势在向着社会主义的大方向前进。

历史唯物主义的方法能够科学地判断当前国际局势的发展趋势。当前世界面临"百年未有之大变局"，全球主要力量之间的对比发生了明显变化，国际秩序将会出现更大的调整。只有坚持历史唯物主义的分析方法，才有可能看透出现变化的客观本质并

①《马克思恩格斯选集》第3卷，人民出版社1995年版，第776页。

科学地洞察国际局势的发展方向，做到处变不惊、临事不惧。国家利益是国家对外行为的最基本推动力，这是国际政治学术界的普遍共识。但在国家利益的内容及其起源的解释方面，却出现了截然不同的观点。与西方主流国际政治学术流派不同，历史唯物主义在分析国家的对外行为和国家利益时，强调以国家内部的经济基础为出发点，而不是如现实主义国际政治理论般，简单地将国家进行"拟人化"，因为过于强调国际社会的"霍布斯现象"①而不得不追求尽可能多的权力。也不似自由主义国际政治理论，回避各个国家间不同的、具有特殊性的经济基础，从而将表面相似但各自情况迥异的国家同质化。

历史唯物主义认为，国际生产分工体系是一种超越国界限制的，地域范围极为广阔的当代社会化生产体系。在这个体系下，高烈度的自由竞争势必会给各国，尤其是发达工业国家间带来更多的矛盾与冲突，以至于原本受益于该体制的一些国家采取排斥乃至反对该体制的行为。特朗普执政后的美国政府所采取的许多"逆全球化"行为，便是自由主义国际政治理念遭遇严峻挑战的最好例证。

历史唯物主义的方法论能够指导中国更合理地制定对外政策。正如中国共产党十九届四中全会《公报》指出的，"必须统筹国内国际两个大局，高举和平、发展、合作、共赢旗帜，坚定不移维护国家主权、安全、发展利益，坚定不移维护世界和平、促进共同发展"②。《公报》强调国内与国际两个大局的高度关联

---

① 17世纪英国哲学家霍布斯提出的基于人性恶判断的国家观。他把个人的自然权利看作一切权力的基础，也揭示出国家权力或公共权力的来源。马克思曾评价霍布斯已经用人的眼光来观察国家，并从理性和经验中而不是从神学中引申出国家的自然规律。
② 《中国共产党第十九届中央委员会第四次全体会议文件汇编》，人民出版社2019年版，第14页。

性，属于历史唯物主义理论方法的必然要求，也明确地体现出了中国共产党既是国内政治与社会秩序的维护者、生产的组织者，更是在面对国外竞争时的二者统一体。除此之外，历史唯物主义追求建立公正的社会关系，将解放全人类视为最高目标，这就要求中国在国际舞台上发挥更加重要的作用，在积极参与全球治理的同时，以建设人类命运共同体为目标，坚定地维护经济全球化的基本国际秩序。

总之，面对波诡云谲的国际格局，只要我们继续坚持以历史唯物主义的方法科学制定应对策略和自身长期发展战略，在互利共赢的基础上，进一步着力推动世界各国、各地区生产力提升，就可以在推进和拓展中国式现代化中为中华民族谋发展，为全人类谋幸福。

（二）以马克思主义中国化时代化最新成果为指导

马克思主义政党的先进性，首先体现为思想理论上的先进性。共产党员的先进性，首先体现为对真理的执着追求和笃信笃行。马克思主义是我们立党立国、兴党兴国的根本指导思想，拥有马克思主义科学理论指导是我们党坚定信仰信念、把握历史主动的根本所在。习近平总书记指出："坚持用马克思主义中国化时代化最新成果武装全党、指导实践、推动工作，是我们党创造历史、成就辉煌的一条重要经验。"[1]中国共产党之所以能够领导亿万人民进行前所未有的革命、建设、改革事业，推动中华民族伟大复兴进入不可逆转的历史进程，一个根本原因在于，我们党坚持以马克思主义为指导，不断推进马克思主义中国化时代化，

---

[1]《习近平在中共中央政治局第四次集体学习时强调　把学习贯彻新时代中国特色社会主义思想不断引向深入》，《人民日报》2023年4月1日。

通过统一思想、统一意志、统一行动，把党的创新理论转化为强大物质力量。

进入新时代的中国，正经历着我国历史上最为广泛而深刻的社会变革，正进行着人类历史上最为宏大而独特的实践创新。伟大时代孕育伟大思想，以习近平同志为主要代表的中国共产党人，坚持把马克思主义基本原理同中国具体实际相结合，同中华优秀传统文化相结合，开创了习近平新时代中国特色社会主义思想，实现了马克思主义中国化时代化新的飞跃。伟大思想引领伟大时代，在习近平新时代中国特色社会主义思想科学指引下，党和国家事业取得历史性成就、发生历史性变革，我国迈上全面建设社会主义现代化国家新征程。习近平新时代中国特色社会主义思想是被新时代伟大变革所证明的科学理论。

衡量一种思想理论是否具有真理力量，关键要看其能否科学回答时代课题、回应实践需要。习近平新时代中国特色社会主义思想科学回答了中国之问、世界之问、人民之问、时代之问，实现了马克思主义中国化时代化新的飞跃，放射出耀眼的真理光芒，展现出强大的真理力量。

习近平新时代中国特色社会主义思想，以原创性理论贡献标注了马克思主义发展的新高度：强调坚持和加强党的全面领导、推进党的自我革命，实现了马克思主义建党学说的新发展；强调坚持以人民为中心，赓续了马克思主义关于坚守人民立场的思想；科学把握我国社会主要矛盾发生转化，体现了对唯物辩证法的创造性运用和发展；提出坚持和完善中国特色社会主义制度、推进国家治理体系和治理能力现代化，实现了马克思主义国家学说的新发展。这一科学理论体系，展现出强大现实解释力：坚持把马克思主义基本原理同中国具体实际相结合、同中华优秀传统文化相结合，坚持用马克思主义之"矢"去射新时代中国之"的"，对关系新时代党和国家事业发展的重大时代课题进行了深邃思考和科学判断，引领中国特色社会主义实现新发展，推动中华民族伟大复兴实现大跨越，成为我们认识世界、改造世界的强大思想武器。这一科学理论体系，提供了一系列科学方法：既讲是什么、为什么，又讲怎么看、怎么办。既部署"过河"的任务，又指导解决"桥或船"的问题，生动体现了马克思主义世界观和方法论的统一。习近平新时代中国特色社会主义思想，以全新的视野深化对共产党执政规律、社会主义建设规律、人类社会发展规律的认识，闪耀着辩证唯物主义和历史唯物主义的光辉。在当代中国，坚持和发展习近平新时代中国特色社会主义思想，就是真正坚持和发展马克思主义。

习近平新时代中国特色社会主义思想是新时代坚持和发展中国特色社会主义的思想武器。理论的价值在于指导实践，理论的说服力、感召力从根本上说源于在科学指导实践中展现的真理力量。在习近平新时代中国特色社会主义思想科学指引下，我们党团结带领人民创造了新时代中国特色社会主义的伟大成就，社会主义中国以更加雄伟的身姿屹立于世界东方：我们党立足新发展阶段、贯彻新发展理念、构建新发展格局，推动高质量发展，着力解决我国发展中存在的深层次矛盾和问题，巩固提升了世界第二大经济体、制造业第一大国、外汇储备第一大国地位，成为全球第二大消费市场、货物贸易第一大国，两条母亲河、三大城市群、四大经济区连接成势、协同发展；我们党向贫困宣战，提出精准扶贫的重要理念，使占世界人口近五分之一的大国消除绝对贫困，实现了小康这个中华民族的千年梦想；我们党提出全过程人民民主重大理念，从各层次各领域扩大人民有序参与政治，有力保障人民当家作主；我们党提出建设社会主义文化强国，推动物质文明和精神文明协调发展，不断铸就社会主义文化新辉煌，中国人民志气、骨气、底气极大增强；我们党提出以人民为中心的发展思想，在幼有所育、学有所教、劳有所得、病有所医、老有所养、住有所居、弱有所扶上持续用力，人民生活全方位改善；我们党提出"绿水青山就是金山银山"的理念，促进人与自然和谐共生，使广袤的中华大地天更蓝、山更绿、水更清，人民享有更多、更普惠、更可持续的绿色福祉；我们党坚定不移推进全面从严治党，开展史无前例的反腐败斗争，探索出依靠党的自我革命跳出历史周期率的成功路径，党在革命性的锻造中更加坚强有力、更加充满活力；我们党统筹国内国际两个大局，提出构建人类命运共同体理念，提出全球发展倡议、全球安全倡议、全球文明倡议，凝聚起共建美好世界的最大公约数……新时代十年，在漫漫历史长河中只是一瞬，但党带领人民创造的伟业、续写的华章足以彪炳史册。习近平新时代中国特色社会主义思想展真理之旗、掌时代之舵、扬复兴之帆，在实践中深刻改变了中国、深刻影响着世界。

习近平新时代中国特色社会主义思想是推进自我革命的科学指引。胜人者有力，自胜者强。强大的马克思主义政党是在自我革命中锻造出来的。我们党作为世界上最大的马克思主义执政党，只有时刻保持解决大党独有难题的清醒和坚定，在科学思想指引下探索出一条党长期执政条件下实现自我革命的有效路径，才能始终赢得人民拥护、巩固长期执政地位。习近平新时代中国特色社会主义思想直面新时代管党治党新形势新任务，深刻回答了建设什么样的长期执政的马克思主义政党、怎样建设长期执政的马克思主义政党的重大时代课题，为全党时刻保持清醒和坚定、解决大党独有难题指明了行动方向、提供了根本遵循。新时代，我们党把全面从严治党纳入"四个全面"战略布局，管党治党"宽松软"状况得到根本扭转，风清气正的党内政治生态不断形成和发展。"得罪千百人、不负十四亿"，"补钙壮骨、排毒杀菌、壮士断腕、去腐生肌"，试问哪个政党能有中国共产党这样的勇气担当？在习近平新时代中国特色社会主义思想科学指引下，我们党的理想信念更加坚定、组织体系更加严密、纪律规矩更加严明，成功找到了自我革命这一跳出治乱兴衰历史周期率的第二个答案，自我净化、自我完善、自我革新、自我提高能力显著增强，开辟了百年大党自我革命的新境界。正是有以习近平同志为核心的党中央坚强领导，有习近平新时代中国特色社会主义思想科学指引，新时代的中国共产党经受革命性锻造，成为今天这样一个高度团结、坚强有力的马克思主义执政党。

推进中国式现代化需要坚持不懈用习近平新时代中国特色社会主义思想凝心铸魂。习近平总书记指出："中国式现代化是我们党领导全国各族人民在长期探索和实践中历经千辛万苦、付出巨大代价取得的重大成果。"①中国式现代化是强国建设、民族复兴的唯一正确道路。新时代新征程，我们能否全面建成社会主义现代化强国、实现第二个百年奋斗目标，关键在于能否不断推进和拓展中国式现代化。推进中国式现代化是一项前无古人的开创性事业，必然会遇到各种可以预料和难以预料的风险挑战、艰难险阻，甚至惊涛骇浪，这就需要以科学理论指引前进方向，让中国式现代化走得更实、行得更稳。习近平新时代中国特色社会主义思想深刻总结我国和世界其他国家现代化建设的历史经验，深

---

① 《习近平在学习贯彻党的二十大精神研讨班开班式上发表重要讲话强调　正确理解和大力推进中国式现代化》，《人民日报》2023年2月8日。

刻回答现代化之问，进一步深化了对中国式现代化的内涵和本质的认识，概括形成中国式现代化的中国特色、本质要求和重大原则，初步构建起中国式现代化的理论体系，使中国式现代化更加清晰、更加科学、更加可感可行，指引我们党对建设社会主义现代化国家在认识上不断深化、在战略上不断完善、在实践上不断丰富。新征程上，只有坚持不懈用习近平新时代中国特色社会主义思想凝心铸魂，才能准确把握中国式现代化的根本性质，牢牢锚定中国式现代化的奋斗目标，充分激发推进中国式现代化的强劲动力，广泛凝聚推进中国式现代化的磅礴力量，在中国式现代化道路上实现中华民族伟大复兴。

战胜前进道路上的风险挑战需要坚持不懈用习近平新时代中国特色社会主义思想凝心铸魂。习近平总书记指出："我国发展面临新的战略机遇、新的战略任务、新的战略阶段、新的战略要求、新的战略环境，需要应对的风险和挑战、需要解决的矛盾和问题比以往更加错综复杂。"①党的十八大以来，我们党之所以能保持战略定力，发扬斗争精神，团结带领全国各族人民从容应对世所罕见、史所罕见的一系列风险挑战，经受住来自政治、经济、意识形态、自然界等各方面的风险挑战考验，根本在于以习近平同志为核心的党中央坚强领导，在于习近平新时代中国特色社会主义思想科学指引。我们在科学理论指引下经受住惊涛骇浪，还要在科学理论指引下推动中国号巨轮劈波斩浪。在强国建设、民族复兴的新征程上，江山壮丽，人民豪迈，前程远大。同时必须清醒看到，世界百年未有之大变局加速演进，世界进入新

---

① 《习近平在省部级主要领导干部"学习习近平总书记重要讲话精神，迎接党的二十大"专题研讨班上发表重要讲话强调　高举中国特色社会主义伟大旗帜　奋力谱写全面建设社会主义现代化国家崭新篇章》，《人民日报》2022年7月28日。

的动荡变革期，我国发展进入战略机遇和风险挑战并存、不确定难预料因素增多的时期，各种"黑天鹅""灰犀牛"事件随时可能发生。习近平新时代中国特色社会主义思想坚持运用马克思主义立场观点方法，深刻把握新时代新征程上风险挑战的新特征新变化，不断深化对风险演进的规律性认识，为我们战胜各种风险挑战提供了科学思想指引。新征程上，只有坚持不懈用习近平新时代中国特色社会主义思想凝心铸魂，不断提高全党运用科学理论应对风险挑战的能力，才能以"咬定青山不放松"的顽强韧劲，发扬"狭路相逢勇者胜"的斗争精神，迎难而上，沉着应对，赢得优势，赢得主动，赢得未来。

坚持团结奋斗需要坚持不懈用习近平新时代中国特色社会主义思想凝心铸魂。习近平总书记强调，"力量生于团结，幸福源自奋斗。"团结奋斗是一百多年来中国共产党人、中国人民、中华民族锤炼铸就的宝贵精神品质，是中国人民创造历史伟业的必由之路，是全面建成社会主义现代化强国的重要保证。团结奋斗离不开思想引领，统一思想才能团结一心、步调一致。新时代十年，无论面对何种困难局面，何种艰难时刻，全党全国各族人民始终紧密团结在以习近平同志为核心的党中央周围，以"比铁还硬，比钢还强"的团结之力，以"越是艰险越向前"的不懈奋斗，赢得彪炳史册的历史性胜利。实践充分证明，习近平新时代中国特色社会主义思想是团结奋斗的思想旗帜、精神旗帜。有了习近平新时代中国特色社会主义思想，全党全国各族人民思想上行动上就有了根本遵循，团结奋斗就有了思想根基和信心底气，就有了明确目标和行动指南。越是形势复杂、任务艰巨，越是走上坡路、开顶风船，就越需要团结奋斗，就越需要夯实团结奋斗的思想基础、激扬团结奋斗的精神力量。新征程上，只有坚持不懈用习近平新时代中国特色社会主义思想凝心铸魂，在纷繁复杂的形势下把准团结奋斗的正确方向，不断增强以团结奋斗开辟美好未来的志气、骨气、底气，才能把人民群众最广泛地团结在党的周围，把方方面面的智慧和力量凝聚起来，汇聚万众一心、共克时艰的磅礴伟力，不断开创强国建设、民族复兴的新局面。

锻造坚强领导核心需要坚持不懈用习近平新时代中国特色社会主义思想凝心铸魂。习近平总书记指出："全面建设社会主义现代化国家、全面推进中华民族伟大复兴，关键在党。"[1]党的领导是党和国家的根本所在、命脉所在，是全国各族人民的利益所系、命运所系。新时代，我们党在革命性锻造中更加坚强有力，很重要的一条经验就是始终重视思想建党、理论强党，坚持用科学理论武装广大党员干部的头脑。在强国建设、民族复兴的新征程上，我们党面临的执政考验、改革开放考验、市场经济考验、外部环境考验将长期存在，精神懈怠危险、能力不足危险、脱离群众危险、消极腐败危险将长期存在，全面从严治党永远在路上，党的自我革命永远在路上。习近平新时代中国特色社会主义思想继承和发展马克思主义建党学说，总结运用党的百年奋斗历史经验，深入推进管党治党实践创新、理论创新、制度创新，对建设什么样的长期执政的马克思主义政党和怎样建设长期执政的马克思主义政党的规律性认识达到新的高度。新征程上，只有坚持不懈用习近平新时代中国特色社会主义思想凝心铸魂，才能保证我们党在世界形势深刻变化的历史进程中始终走在时代前列，在应对国内外各种风险和考验的历史进程中始终成为全国人民的主心骨，在坚持和发展中国特色社会主义的历史进程中始终成为

---

[1] 习近平：《高举中国特色社会主义伟大旗帜　为全面建设社会主义现代化国家而团结奋斗——在中国共产党第二十次全国代表大会上的报告》，《人民日报》2022年10月26日。

坚强领导核心。

把习近平新时代中国特色社会主义思想转化为指导实践、推动工作的强大力量，努力把党的二十大作出的重大决策部署付诸行动、见之于成效。真知即所以为行，不行不足谓之知。习近平总书记指出："当前最重要的任务，就是撸起袖子加油干，一步一个脚印把党的二十大作出的重大决策部署付诸行动、见之于成效。"①习近平总书记在党的二十大报告中擘画了全面建设社会主义现代化国家、以中国式现代化全面推进中华民族伟大复兴的宏伟蓝图，对统筹推进"五位一体"总体布局、协调推进"四个全面"战略布局作出了全面部署，重点部署了未来5年的战略任务和重大举措。完成哪一项战略任务和重大举措，都不是轻而易举的，没有捷径，唯有实干。把习近平新时代中国特色社会主义思想转化为推动工作的强大力量，就要坚持学以致用、身体力行，在学习中把自己摆进去、把职责摆进去、把工作摆进去，把学习成果落实到干好本职工作、推动事业发展上。对于工作中遇到的难题，要大兴调查研究，真正把情况摸清、把问题找准、把对策提实，不断提出真正解决问题的新思路新办法。要在知行合一中担当作为、勇挑重担，对精神懈怠、得过且过说不，对不敢斗争、避难逃责说不，用知重负重、攻坚克难的实际行动闯关夺隘、攻城拔寨，落实好党的二十大作出的重大决策部署，创造出经得起实践、人民、历史检验的实绩。②

---

① 《习近平在参加党的二十大广西代表团讨论时强调　心往一处想劲往一处使推动中华民族伟大复兴号巨轮乘风破浪扬帆远航》，《人民日报》2022年10月18日。
② 任理轩：《坚持不懈用习近平新时代中国特色社会主义思想凝心铸魂》，《人民日报》2023年4月1日。

（三）牢牢把握历史发展的主题主线、主流本质

历史是一个国家和民族安身立命的基础。人民是历史的创造者，党把人民对美好生活的向往作为奋斗目标，扎根人民、依靠人民创造历史伟业。新中国史是党领导人民全面把握整个社会的基本面貌和发展方向，在自力更生、艰苦奋斗、砥砺奋进中创造和书写出来的，红色政权来之不易，新中国来之不易，中国式现代化来之不易，中国特色社会主义来之不易。这是历史发展的必然、人民的坚定选择。我们要树立正确党史观，以我们党关于历史问题的两个决议和党中央有关精神为依据，准确把握党的历史发展的主题主线、主流本质。

牢牢把握历史发展的主题主线。习近平总书记指出，"一百年来，中国共产党团结带领中国人民进行的一切奋斗、一切牺牲、一切创造，归结起来就是一个主题：实现中华民族伟大复兴。"[1]中国共产党诞生于一个风雨如晦的时代。中国共产党一经诞生，就肩负着争取民族独立、人民解放和实现国家富强、人民幸福这两大历史任务，就把为中国人民谋幸福、为中华民族谋复兴确立为自己的初心和使命。由于中国共产党拥有马克思主义这个最先进的思想武器，不仅代表着工人阶级的利益，而且代表着整个中华民族的利益，因而，能够为中国革命指明前进的方向，也给灾难深重的中华民族带来了光明和希望。历史证明，中国共产党的诞生，是开天辟地的大事变，不仅深刻改变了近代以后中华民族发展的方向和进程，深刻改变了中国人民和中华民族的前途和命运，而且深刻改变了世界发展的趋势和格局。新中国

---

[1] 习近平：《在庆祝中国共产党成立100周年大会上的讲话》，人民出版社2021年版，第5页。

成立以来，党根据我国所处历史方位、发展阶段，以及面临的社会主要矛盾和形势任务，立足自身国情实际，观照时代，不断探索共产党执政规律、社会主义建设规律和人类社会发展规律。党在领导人民进行国家建设中，始终以建设一个什么样的新中国为引领，制定和实施路线方针政策，把党和国家事业一步步推向前进。在社会主义革命和建设时期，党提出努力把我国逐步建设成为一个具有现代农业、现代工业、现代国防和现代科学技术的社会主义强国，领导人民开展全面的大规模的社会主义建设。在改革开放和社会主义现代化建设新时期，党明确我国社会主要矛盾是人民日益增长的物质文化需要同落后的社会生产之间的矛盾，中心任务就是解决这个主要矛盾，并提出了全面建设小康社会的奋斗目标。中国特色社会主义进入新时代，我国社会主要矛盾转化为人民日益增长的美好生活需要和不平衡不充分的发展之间的矛盾，以习近平同志为核心的党中央统筹把握中华民族伟大复兴战略全局和世界百年未有之大变局，明确坚持和发展中国特色社会主义的总任务是实现社会主义现代化和中华民族伟大复兴，在全面建成小康社会的基础上，分两步走在21世纪中叶把我国建成富强民主文明和谐美丽的社会主义现代化强国。

牢牢把握历史发展的主流本质。在百年奋斗中，我们党历经艰难曲折、付出巨大牺牲，团结带领人民创造了科学理论，开辟了正确道路，建立了伟大功业，铸就了伟大精神，积累了宝贵经验，创造了中华民族发展史、人类社会进步史上令人刮目相看的奇迹。围绕主题主线展开的党的不懈奋斗史、党的理论探索史和党的自身建设史等，构成了党的历史发展主流本质的重要内容。新中国史就是在民族独立、人民解放的基础上实现国家富强、人民幸福，奠基、开创、坚持和发展中国特色社会主义，不断推进实现中华民族伟大复兴的创业史、探索史和奋斗史。新中国史充分证明，只有社会主义才能救中国，只有社会主义才能发展中国，中国特色社会主义道路是指引中国发展繁荣的正确道路。由此，新中国史的主题集中概括起来，就是不断推进马克思主义中国化时代化，奠基、开创、坚持和发展中国特色社会主义，奋力把我国建成富强民主文明和谐美丽的社会主义现代化强国，全面推进中华民族伟大复兴。恩格斯指出，人们创造历史的活动，如同无数力的平行四边形形成的一种总的合力。新中国史的主线归纳起来，一是维护国家主权、安全和发展利益，维护世界和平和人类发展进步，推动中华文明和世界文明交流互鉴，推动构建人类命运共同体；二是坚持以马克思主义为立党立国、兴党兴国的根本指导思想，不断推进马克思主义中国化时代化，以自我革命推进伟大社会革命；三是推进中国国民经济和社会发展，推进中国式现代化，推进中国特色社会主义物质文明、政治文明、精神文明、社会文明和生态文明建设协调发展，逐步实现全体人民共同富裕；四是推进祖国完全统一，铸牢中华民族共同体意识，共同建设伟大祖国，共同创造美好生活。新中国史的主题主线，充分反映和鲜明彰显党领导人民推进新中国建设和发展的目标任务、道路指引和实践特色。

遵循历史发展规律，把握历史发展大势，才能推动历史潮流奔腾向前。新中国成立，彻底结束了旧中国半殖民地半封建社会的历史，中国发展从此开启新纪元。新中国在恢复国民经济的基础上，完成社会主义革命，推进社会主义建设，实现了中华民族有史以来最为广泛而深刻的社会变革，建立起独立的比较完整的工业体系和国民经济体系，从一穷二白大步迈进社会主义社会。进行改革开放和社会主义现代化建设，不断解放和发展社会生产力,实现了人民生活从温饱不足到总体小康、奔向全面小康的历史性跨越,中国大踏步赶上了时代。党的十八大以来,党领导人民开创中国特色社会主义新时代,统筹推进"五位一体"总体布局、协调推进"四个全面"战略布局,全面建成小康社会,进而全面建设社会主义现代化国家、全面推进中华民族伟大复兴。新中国史深刻蕴含坚持和发展中国特色社会主义的历史必然性、发展阶段性和规律性。这就是,坚持党的全面领导是坚持和发展中国特色社会主义的必由之路,中国特色社会主义是实现中华民族伟大复兴的必由之路,团结奋斗是中国人民创造历史伟业的必由之路,贯彻新发展理念是新时代我国发展壮大的必由之路,全面从严治党是党永葆生机活力、走好新的"赶考"之路的必由之路。

新中国历史发展波澜壮阔、浩荡前行,从根本上改变了中国人民的前途命运,开辟和拓展了实现中华民族伟大复兴的正确道路。但这一历史进程并不是一帆风顺的。国家的建设和发展面临各种风险挑战考验,出现过由于主、客观因素导致的一些失误和波折。特别是党在社会主义革命和建设中经历了严重曲折,但这毕竟是在探索中的,同时党在这一时期取得的独创性理论成果和巨大成就,为在新的历史时期开创中国特色社会主义提供了宝贵经验、理论准备、物质基础,并且在其后通过总结和吸取历史经验教训,推进理论创新、实践创新和制度创新,开辟了新天地。新中国史是党领导人民进行革命、建设和改革并取得巨大成就的历史,总是向前发展的。归结起来,新中国史的主流可表述为:立国兴国强国,走自己的路,为民造福,推动建设美好世界,成就辉煌、前景广阔。新中国史的本质则在于:推进马克思主义中国化时代化的社会主义发展史、人民团结奋斗史、全面推进中华民族伟大复兴史。

新中国史的主题主线、主流本质，深刻蕴含着新中国史发展的方向、道路、制度、进程、成就与经验，集中反映着新中国史发展的主体脉络乃至整体和全貌，是人们认识和研究新中国史的基本历史依据和主要线索。牢牢把握新中国史的主题主线、主流本质，必须坚持正确政治方向，坚持历史唯物主义，以马克思主义中国化时代化最新成果为指导，坚定历史自信、增强历史主动，为时代凝心聚力铸魂。

中国式现代化历史进程研究，要着力于深刻认识中国特色社会主义道路的历史进程、历史必然性和发展规律性。中国特色社会主义道路关乎国家前途、民族命运、人民福祉，是党在中国革命、建设和改革各个历史时期，坚持辩证唯物主义和历史唯物主义的世界观和方法论，具体、历史和系统地分析新中国社会矛盾运动及其发展规律，不断把握规律、积极运用规律而奠基、开创和发展的，深刻蕴含于新中国史的主题主线、主流本质之中。新中国史研究要将历史与现实、理论与实践、国内与国际相结合，讲清楚中国特色社会主义道路从哪里来，要到哪里去，深刻阐明这一道路的深厚历史底蕴，广泛现实基础和深远历史意义，激励人们不断增强中国特色社会主义道路自信、理论自信、制度自信、文化自信。

中国式现代化历史进程研究，要聚焦于深刻认识以中国式现代化全面推进中华民族伟大复兴的历史进程和光明前景。中国式现代化是党领导的社会主义现代化，是党在自新中国成立以来特别是改革开放以来的长期探索和实践基础上，经过党的十八大以来在理论和实践上的创新突破，从而成功推进和拓展的。中国式现代化不仅开启和发展于新中国历史发展进程之中，而且作为基本实践方式贯穿于实现中华民族伟大复兴的历史进程中，成为新中国史的主题主线、主流本质，具有深厚时代内涵。为此，新中国史研究要根据新中国的国情和历史发展，深刻认识中国式现代化有各国现代化的共同特征，更有基于自己国情的中国特色，深刻阐明中国式现代化的本质要求，阐明全面建设社会主义现代化国家必须把握的重大原则，阐明全面建成社会主义现代化强国的总的战略安排，激励人们坚定历史自信、增强历史主动，更好凝聚团结奋斗的精神力量。

中国式现代化历史进程研究，是以马克思主义为指导的中国特色哲学社会科学的重要组成部分，是全面、系统认识和传播新中国自主知识体系的基础和骨干学科，要在新时代新征程上加快构建新中国史研究的学科体系、学术体系和话语体系。推进新中国史基础理论研究和应用研究融合发展。史论结合，积极开展新中国史史料的搜集和整理，加强新中国史理论与方法研究，推进新时代中国史学发展。新中国史研究要加强思想引导和理论辨析，旗帜鲜明反对历史虚无主义，正本清源、固本培元，为时代画像、为时代立传、为时代明德，为全面建设社会主义现代化国家，全面推进中华民族伟大复兴提供强大精神力量，坚定不移沿着中国特色社会主义道路守护、建设好伟大国家。

三、准确的大历史观

习近平总书记在党史学习教育动员大会上指出："树立大历史观，从历史长河、时代大潮、全球风云中分析演变机理、探究历史规律，提出因应的战略策略，增强工作的系统性、预见性、创造性"，并强调"进一步把握历史发展规律和大势，始终掌握党和国家事业发展的历史主动"。①习近平总书记的重要论述集中展现了新时代中国共产党人学习历史、运用历史的科学态度，是马克思主义唯物史观的具体实践和创新发展，为我们认识和研究中国式现代化历史提供了根本遵循。

大历史观是认识历史、把握历史、走进历史的方法论，是建立在历史唯物主义基础上对人类社会发展规律的总体性把握，强调历史发展的延续性、规律性、统一性、多样性，体现出理论上的彻底性、视野上的宏阔性等重要特征。中国式现代化这条道路来之不易，它是在改革开放40多年的伟大实践中走出来的，是在中华人民共和国成立70多年的持续探索中走出来的，是在对近代以来180多年中华民族发展历程的深刻总结中走出来的，是在对中华民族5000多年悠久文明的传承中走出来的，具有深厚的历史渊源和广泛的现实基础。这"四个走出来"不仅将中国式现代化道路与改革开放史、新中国史、中国共产党历史联系在一起，而且上溯到中国近代史乃至中华民族史，从而深刻揭示了中国式现代化的历史源流、民族基因和实践基础，是从中国历史长时段看中国特色社会主义的典型体现。树立大历史观，从历史长河、时代大潮、全球风云中分析演变机理，探究历史规律，需要把握历史大势、认清历史方位、提高历史思维能力、坚持人民是历史的创造者。只有树立大历史观，才能进一步把握历史发展规律和大势，牢牢掌握历史主动，确保中华民族伟大复兴的巨轮始终沿着正确航向破浪前行。

---

① 习近平：《在党史学习教育动员大会上的讲话》，《求是》2021年第7期。

（一）坚持历史发展的连续性与阶段性的辩证统一

历史唯物主义告诉我们，历史是一个过程，各个历史时期都是连续性与阶段性的辩证统一。中国式现代化的历史，既有历史发展的连续性，又有重要历史关头的伟大转折，不是彼此割裂的，更不是矛盾对立的，不能用阶段性否定连续性、用曲折性否定前进性。

历史是从昨天走到今天再走向明天，历史的联系是不可能割断的。每一时期党的历史都具有特定的时代特征，都有要面临的不同使命任务，中国式现代化探索和发展取得了不同的成果、进展。同时，从作为百年大党的历史发展来看，不同时期中国式现代化的历史又是一个相互联系、有机统一的整体。从"实现了中国从几千年封建专制政治向人民民主的伟大飞跃"，到"实现了一穷二白、人口众多的东方大国大步迈进社会主义社会的伟大飞跃"，从"推进了中华民族从站起来到富起来的伟大飞跃"，到"中华民族迎来了从站起来、富起来到强起来的伟大飞跃"，不同历史时期是承前启后、接续前进的，是具有深刻的内在联系和历史逻辑的，完整呈现了中国共产党团结带领中国人民百年来走过的伟大历程。每一段征程的结束，又意味着新征程的开始，正是前后相继的奋斗连接成我们党砥砺前行的历史进程。

"历史、现实、未来是相通的。"历史是一个整体发展过程，不能随意割断，不能碎片化。要善于运用科学世界观和方法论，把握发展规律、谋划事业发展、应对风险挑战，决不能在根本性问题上出现颠覆性错误。要以史为镜、以史明志，增强历史自觉，把苦难辉煌的过去、日新月异的现在、光明宏大的未来贯通起来，在乱云飞渡中把牢正确方向，在风险挑战面前砥砺胆识。①

（二）从历史长河、时代大潮、全球风云中分析演变机理

洞悉历史规律、把握历史大势、抓住历史机遇、跟上时代潮流，是中国共产党百年发展的宝贵经验，是中国共产党带领中国人民取得一个又一个胜利，开创和拓展中国式现代化的重要原因。把握历史大势，抓住和用好历史机遇，就要胸怀"两个大局"，办好自己的事情。党的十八大以来，习近平总书记着眼历史大势作出一系列科学判断："和平、发展、合作、共赢的时代潮流不可阻挡"，"经济全球化的大势不可逆转，合作共赢才是人间正道"，"世界经济时有波折起伏，但各国走向开放、走向融合的大趋势没有改变"，"创新是当今时代的重大命题"，"国际科技合作是大趋势"。这一系列重要论述，充分展现了习近平总书记作为大国领袖的高瞻远瞩和深谋远虑，为我们在顺应历史大势中抓住和用好历史机遇提供了根本遵循。习近平总书记指出："我国发展仍然处于可以大有作为的重要战略机遇期。我们最大的机遇就是自身不断发展壮大。"②应当认识到，时与势在我们一边，这是我们定力和底气所在，也是我们的决心和信心所在。尽管我们仍面临各种可以预见和难以预见的风险挑战，但只要立足现实，把握好历史大势，努力办好自己的事情，就一定能在新的伟大征程中铸就新的辉煌、创造新的伟业。

提高历史思维能力，是用大历史观分析和解决问题能力的具体体现。习近平总书记强调："历史是最好的教科书""在对历史

---

① 国防大学习近平新时代中国特色社会主义思想研究中心：《坚持辩证唯物主义和历史唯物主义方法论的马克思主义纲领性文献》，《人民日报》2022年4月19日。
② 《习近平谈治国理政》第2卷，外文出版社2017年版，第442页。

的深入思考中做好现实工作、更好走向未来"。加强历史学习、总结历史经验、认识历史规律，都需要提高历史思维能力。历史思维能力，就是知古鉴今，善于运用历史眼光认识发展规律、把握前进方向、指导现实工作的能力。

提高历史思维能力要求我们坚持全面地而不是片面地看待历史。研究历史必须坚持"全面的历史的方法"。毛泽东把这种方法叫做"古今中外法"，"就是弄清楚所研究的问题发生的一定的时间和一定的空间，把问题当作一定历史条件下的历史过程去研究"。所谓"古今"就是历史的发展，所谓"中外"就是中国和外国，就是己方和彼方。在2022年召开的中央农村工作会议上，习近平总书记强调"要坚持用大历史观来看待农业、农村、农民问题"，这是总结"农为邦本，本固邦宁"的历史经验、站在中华民族伟大复兴战略全局高度提出的要求。

提高历史思维能力要求我们坚持发展地而不是静止地看待历史。知所从来，方明所去。马克思指出："人们自己创造自己的历史，但是他们并不是随心所欲地创造，并不是在他们自己选定的条件下创造，而是在直接碰到的、既定的、从过去承继下来的条件下创造。"历史从昨天走到今天再走向明天，是不可能割断的。一切向前走，都不能忘记走过的路；走得再远、走到再光辉的未来，也不能忘记走过的过去，不能忘记为什么出发。不断提高历史思维能力，要求我们对历史的连续性进入深入思考，看清历史、现实和未来是相通的。

提高历史思维能力要求我们坚持具体地而不是抽象地看待历史。人类历史发展有其规律，但不同国家和民族的发展并非千篇一律。只有坚持具体问题具体分析，才能得出正确的结论。就中国来说，独特的文化传统，独特的历史命运，独特的国情，注定中国必然走适合自己特点的发展道路。邓小平指出:"把马克思主义的普遍真理同我国的具体实际结合起来,走自己的道路,建设有中国特色的社会主义,这就是我们总结长期历史经验得出的基本结论。"[1]

(三)把握新时代中国和世界发展大势

认清历史方位,把握发展大势,是树立大历史观的题中应有之义。认清历史方位是明确前进方向、确定发展战略、增强历史自觉的前提条件。习近平总书记强调:"一个国家要发展繁荣,必须把握和顺应世界发展大势,反之必然会被历史抛弃。"[2]正确认识党和人民事业所处的历史方位和发展阶段,是我们党明确阶段性中心任务、制定路线方针政策的根本依据,也是我们党领导革命、建设、改革不断取得胜利的重要经验。回顾党的百年发展历程,我们党高度重视对历史方位的正确认识和准确界定。这是我们党能够在历史关键节点洞察历史发展大势、勇立时代潮头、引领党和人民事业不断取得胜利的关键所在。

近代中国由盛到衰的一个重要原因,就是封建统治者因循守旧、畏惧变革,丧失历史机遇,变成落伍者。历史和实践都充分表明,历史发展有其规律,但人在其中不是完全消极被动的。只要把握住历史发展规律和大势,抓住历史变革时机,顺势而为、奋发有为,就能够更好前进。在一百多年的奋斗历程中,我们党始终以马克思主义基本原理分析把握历史大势,正确处理中国与世界的关系,善于抓住和用好各种历史机遇。中国共产党的诞生、新中国的成立、社会主义基本制度的确立、改革开放的实行

---
[1]《邓小平文选》第3卷,人民出版社1993年版,第3页。
[2]《习近平谈治国理政》第1卷,外文出版社2018年版,第266页。

和中国特色社会主义进入新时代，中国式现代化的探索、开创、推进和拓展，都是顺应世界大势的结果。

党的十九大报告指出："经过长期努力，中国特色社会主义进入了新时代，这是我国发展新的历史方位。"中国特色社会主义进入新时代，是我们党把苦难辉煌的过去、日新月异的现在、光明宏大的未来贯通起来得出的正确判断，体现了我们党准确把握历史发展规律和大势的历史自觉。站在"两个一百年"奋斗目标的历史交汇点上，谋划未来5年和更长时期经济社会发展工作，就要正确认识党和人民事业所处的历史方位和发展阶段，深刻洞察我国发展环境发生的深刻复杂变化。习近平总书记在省部级主要领导干部学习贯彻党的十九届五中全会精神专题研讨班开班式上强调："进入新发展阶段明确了我国发展的历史方位"，这一重大判断进一步为我国发展找准了历史坐标、明确了历史方位。

不同历史方位的发展重点、发展目标都会有所不同。我们要认清历史方位，立足新发展阶段，贯彻新发展理念，构建新发展格局，推动高质量发展，不断开创全面建设社会主义现代化国家新局面。①

---

① 中国历史研究院：《以大历史观把握历史发展规律和大势》，《人民日报》2021年4月27日。

第三章

坚持人民的历史主体地位

中国式现代化是以人民为中心的现代化，深刻揭示了马克思主义唯物史观人民的历史主体地位，突出彰显了马克思主义政党坚持以人民为中心的根本立场，也昭示了中国共产党始终不渝坚守的初心使命。党的十八大以来，习近平总书记针对坚持党的群众观点、群众路线、群众工作方法、密切党同人民群众的血肉联系等方面进行了一系列深入论述。这些重要论述是习近平新时代中国特色社会主义思想的重要组成部分，是中华优秀传统文化中"民本"思想的继承和发展，是马克思主义群众观在当代中国特色社会主义实践中的科学运用和创新，也是中国式现代化理论的核心要义的重要内容。

一、坚持人民立场

立场，就是说话做事的立足点和价值取向。立场决定思想，决定人们想问题、干事业的出发点和落脚点。站在人民群众的立场上，就会为人民群众说话，维护人民群众的利益，就表现为"立党为公、执政为民"的公心；站在自我的立场上，就会因"小我"忽视"大我"，甚至为一己之利不惜损毁众人之利。人民性是马克思主义的本质属性，人民立场是共产党人的根本立场。

（一）人民性是马克思主义的本质属性

习近平总书记在纪念马克思诞辰200周年大会上指出，"马克思主义是人民的理论"，"人民性是马克思主义最鲜明的品格"[①]。

[①] 习近平：《在纪念马克思诞辰200周年大会上的讲话》，人民出版社2018年版，第8页、17页。

马克思主义为改变人民命运而诞生，在人民求解放的实践中丰富和发展，人民性品格贯穿于马克思主义各类经典著作中，是马克思主义的内在属性，也是同其他思想和学说区别开来的一个鲜明特征。在人类思想史上，从没有一种思想理论像马克思主义那样产生了如此巨大的跨越国度、跨越时代的影响力，而这从根本上源自马克思主义的人民性品格。这种品格在中国共产党身上、在社会主义中国理论和实践发展中得到了最充分的贯彻，也有效验证了"中国共产党为什么能，中国特色社会主义为什么好，归根到底是因为马克思主义行"①。

马克思主义的人民性首先就体现在以人民立场为根本基点上。习近平总书记指出："在马克思之前，社会上占统治地位的理论都是为统治阶级服务的。马克思主义第一次站在人民的立场探求人类自由解放的道路，以科学的理论为最终建立一个没有压迫、没有剥削、人人平等、人人自由的理想社会指明了方向。"②马克思主义创始人马克思、恩格斯都出身于资产阶级家庭，但他们没有成为资产阶级的代言人，而是在深刻的现实考察、透彻的理论分析中走向了代表历史发展必然性和进步性的无产阶级立场、人民立场。马克思主义的无产阶级立场和人民立场在根本上是一致的，但特别强调人民性以阶级性为深刻基础，既不存在无阶级的虚幻"人民"，也不存在超越利益的抽象"人民"，真正的人民一定是以先进阶级为代表的，真正的人民立场也一定是代表历史前进方向的，因而那些宣称代表"人民"的剥削阶级是虚情假意的，那些打着"人民性"旗号否定马克思主义或马克思主义政党阶级性的是别有用心的。中国共产党作为马克思主义的忠实

---

① 习近平：《在庆祝中国共产党成立100周年大会上的讲话》，人民出版社2021年版，第13页。

② 习近平：《在纪念马克思诞辰200周年大会上的讲话》，人民出版社2018年版，第8页。

传承者和模范实践者，是中国工人阶级的先锋队，也是中国人民和中华民族的先锋队，始终把人民立场作为根本政治立场，始终把人民放在心中最高位置，将为人民谋幸福、为民族谋复兴作为初心和使命，将全心全意为人民服务作为根本宗旨，充分贯彻了人民立场，也使之成为不断创造奇迹的制胜法宝。

马克思主义代表人民的根本利益，代表人类解放的历史进步方向，这使得马克思主义能够始终占据道义制高点，赢得被压迫人民的广泛支持和拥护。马克思主义重视利益，强调"人们为之奋斗的一切，都同他们的利益有关"[1]，但从不侈谈抽象利益，更不以抽象利益为幌子牟取个人利益，而是明确主张"利益"是人民的利益，是群众可感可知可享的"生存利益"和"生活利益"。在《共产党宣言》中，马克思、恩格斯指出，"过去的一切运动都是少数人的，或者为少数人谋利益的运动。无产阶级的运动是绝大多数人的，为绝大多数人谋利益的独立的运动"。强调无产阶级除了人民利益之外，"没有什么自己的东西必须加以保护"。[2]无产阶级政党要带领人民推翻资产阶级统治，建立无产阶级政权，其公职人员是人民的公仆，只有人民才是国家政治经济生活的主体，这是代表人民利益的最高表现。马克思、恩格斯不仅科学阐明了无产阶级及其政党代表人民利益的思想，而且亲身践行了这一点，他们的一生，可谓就是为人民解放不断斗争的一生。中国共产党作为马克思主义的忠诚信奉者、坚定实践者，自诞生之日起就以代表和实现人民群众的根本利益为己任，为人民而生，因人民而兴，为人民幸福而奋斗。中国共产党始终把代表人民利益作为一切工作的出发点和归宿，以权为民所用、情为民

---

[1]《马克思恩格斯选集》第1卷，人民出版社1995年版，第187页。
[2]《马克思恩格斯选集》第1卷，人民出版社1995年版，第283页。

所系、利为民所谋为基本准则，以人民利益为最高利益，以人民满意为根本标准，坚持维护最广大人民的根本利益和长远利益，并把实现人民长远利益和当前利益结合起来，让人民群众得到实实在在的获得感、幸福感、安全感，充分彰显了马克思主义人民性的时代内涵。

马克思主义的人民性还生动体现为植根人民实践形成发展并进而指导人民实践。马克思主义认为，"历史活动是群众的活动，随着历史活动的深入，必将是群众队伍的扩大"，因而强调考察社会必须考察人民实践，推动社会发展也必须植根人民实践。[①] 马克思、恩格斯不囿于书斋，不局限于个人小天地，而是将目光深情投向处在社会最底层的劳苦大众，不仅深入民众实践了解社会真实状况，把握人民现实需要，而且积极参与工人运动、指导革命斗争，真正将理论创作与社会现实、人民实践充分结合起来，从而拨开迷雾发现了人民群众才是社会历史的真正创造者，并科学分析了人民群众创造历史的内在规律，尤其系统阐发了受资产阶级剥削压迫的人民大众获得解放的目标、手段、路径等，也为人类解放提供了方向和道路指引。正是由于深深植根于人民实践，马克思主义才获得了不断向前发展的源头活水和不竭动力，同时人民群众也得以获得强大思想武器，使改造世界的实践更具自觉性。在马克思主义与中国工人运动相结合的过程中诞生的中国共产党，始终坚持马克思主义人民观，始终把坚持人民至上作为最高价值原则，深深扎根人民实践，设身处地体察人民疾苦、倾听人民呼声，与人民风雨同舟、生死与共，并从人民实践中汲取智慧，获得了源源不断的生长力量，也使马克思主义的人民性品格得到进一步彰显。

[①]《马克思恩格斯文集》第1卷，人民出版社2009年版，第287页。

马克思主义第一次科学阐明了人民是历史的主体，人民的实践活动是推动历史前进的真正动力。马克思主义明确指出，人民群众作为社会历史的主体，既是物质财富的创造者，也是精神财富的创造者，更是社会变革的决定性力量，人类社会向前发展的每一步，都内蕴着人民群众创造力的发挥。马克思、恩格斯高度重视理论在社会发展中的作用，这也是他们孜孜不倦进行理论创作的内在原因，但他们明确指出，"思想本身根本不能实现什么东西。思想要得到实现，就要有使用实践力量的人"①。所谓"使用实践力量的人"，就是指人民群众。只有使思想理论得到人民群众的认同、支持和拥护，并在实践中加以运用，才能使思想理论变成"物质力量"，这依赖于思想理论的彻底性，而"所谓彻底，就是抓住事物的根本。而人的根本就是人本身"。具言之，一种思想理论只有站稳人民立场，代表人民利益，植根人民实践，才能抓住"人民"的根本，才能进而赢得人民，最后实现自身，推动社会发展，这也正是作为"人民的理论"的马克思主义产生发展的基本理路。高举马克思主义旗帜的中国共产党，自成立之日起就将"人民"二字铭刻于心，坚信党的根基在人民、血脉在人民、力量在人民，不仅坚持彻底的人民性，将中国化马克思主义不断推向前进，而且切实依靠人民力量，创造了一个又一个彪炳史册的人间奇迹，充分彰显了人民作为干事创业动力之源的品格特性。

马克思主义的人民性还体现在以实现人类解放为最终目标。"人民"是一个历史范畴，在不同历史条件下有不同内涵，在马克思、恩格斯著作的不同语境中所表达的意思也有所不同，但最高层次就是"人类"。马克思、恩格斯有非常真挚的人类情怀，

---

① 《马克思恩格斯文集》第1卷，人民出版社2009年版，第320页。

他们第一次站在人民立场探求人类自由解放的道路,以科学的理论为最终建立一个没有压迫,没有剥削,人人平等,人人自由的理想社会指明了方向。可以说,实现人类解放是马克思、恩格斯一生的奋斗目标,也是他们创立马克思主义的价值旨归,马克思主义就是为人类求解放的思想体系。马克思、恩格斯在把握社会历史发展规律的基础上,不仅科学阐发了实现人类解放的性质和内容,而且明确指出了实现人类解放的条件、道路、目标、历史进程等,并切实将为人类求解放作为毕生追求,不懈奋斗至生命的最后一刻。中国共产党将实现人类解放、建立共产主义的最高理想和当下的中国特色社会主义共同理想结合起来,不仅通过一个个阶段性目标的不断实现向最终目的推进,而且以深厚的天下情怀积极倡导、推动构建人类命运共同体,在追求人类解放的伟大事业上作出了巨大贡献,充分彰显了对马克思主义人民性品格的继承、发展和实践。

(二)根基、血脉、力量在人民

中国共产党产生于马克思主义同中国无产阶级革命运动相结合的过程中,是根植于人民群众的政党。人民立场决定工作的立足点、着力点;立场在人民群众一边,工作根基自然也在人民群众身上。因此,人民立场是共产党人干事创业的前提条件,人民群众是共产党人的工作根基。毛泽东曾形象地把党和人民群众的关系比喻为种子和土地:"我们共产党人好比种子,人民好比土地。我们到了一个地方,就要同那里的人民结合起来,在人民中间生根、开花。"[①]改革开放之初,邓小平明确指出,社会主义就

[①]《毛泽东选集》第4卷,人民出版社1991年版,第1162页。

是要让人民群众看到具体而实在的物质利益，使生活变得好起来。习近平总书记强调，"人民对美好生活的向往，就是我们的奋斗目标"；"我们一定要始终与人民心心相印、与人民同甘共苦、与人民团结奋斗，夙夜在公，勤勉工作，努力向历史、向人民交出一份合格的答卷"。①维护党同人民群众的血肉联系，把人民群众当作党的力量之源，从党诞生之日起，这一庄严宣誓就已镌刻在鲜艳的党旗上。习近平总书记在庆祝中国共产党成立95周年大会上的讲话中强调："坚持不忘初心、继续前进，就要坚信党的根基在人民、党的力量在人民，坚持一切为了人民、一切依靠人民，充分发挥广大人民群众积极性、主动性、创造性，不断把为人民造福事业推向前进。"②

历史活动是群众的活动。人民，只有人民，才是推动人类历史的真正动力。这是马克思主义唯物史观的基本观点，它揭示了人民群众在社会历史和现代国家中的主体地位。历史发展、社会进步，不是神学史观所宣称的"神的旨意"，不是英雄史观所吹嘘的是由少数精英人物的腕力和"杰出作用"决定的，更不是现代资产阶级政客和理论家所伪饰的"资本的作用"和"金钱万能"的结果，而是人民群众充分发挥自己推动历史前进的积极性、主动性和创造性，上演出改天换地的历史活剧的生动写照。在中国革命、建设和改革开放的历史进程中，充分证明了人民群众是社会历史的主体，只有充分尊重人民群众的主体性、充分发挥人民群众的主体作用，党领导的各项事业才能从胜利走向胜利。在中国特色社会主义新时代，在党的领导下，充分尊重人民群众的主体性、充分发挥人民群众的主体作用，就一定能够激发

---

① 《习近平谈治国理政》第1卷，外文出版社2018年版，第5页。
② 习近平：《在庆祝中国共产党成立95周年大会上的讲话》，人民出版社2016年版，第18页。

人民群众迸发出推进中国特色社会主义伟大事业的惊天伟力。

在长期的革命、建设和改革实践中，中国共产党运用马克思主义理论特别是唯物史观原理，组织群众、发动群众、依靠群众，既形成了"从群众中来，到群众中去"，密切联系群众的优良传统和工作作风，又形成了在群众中调查研究、总结群众经验，出台政策经过群众检验，把群众的意见、诉求和愿望作为制定政策依据的工作方法。历史和实践证明，我们党是在同人民群众的密切联系中成长、发展、壮大起来的，是靠宣传群众、组织群众、依靠群众起家，并从胜利走向胜利的。不论过去、现在和将来，我们都要坚持一切为了群众，一切依靠群众，从群众中来，到群众中去，把党的正确主张变为群众的自觉行动。

以习近平同志为核心的党中央在推进中国特色社会主义事业中充分尊重人民主体地位、充分发挥人民群众的主体作用。党的十九大报告指出："必须坚持人民主体地位，坚持立党为公、执政为民，践行全心全意为人民服务的根本宗旨"；[1]在第十三届全国人民代表大会第一次会议上的讲话中，习近平总书记指出："人民是历史的创造者，人民是真正的英雄"；在庆祝改革开放40周年大会上的讲话中，习近平总书记强调："尊重人民主体地位，尊重人民群众在实践活动中所表达的意愿、所创造的经验、所拥有的权利、所发挥的作用，充分激发蕴藏在人民群众中的创造伟力。"[2]这是一条基本的经验，必须长期坚持。坚持人民群众的主体地位，发挥人民群众的主体作用，依靠人民群众的力量，推进新时代中国特色社会主义，这是中国共产党的政治情怀和政治自觉，也是中国共产党与人民群众心连心、团结带领人民群众向前

---

[1] 《中国共产党第十九次全国代表大会文件汇编》，人民出版社2017年版，第17页。
[2] 习近平：《在庆祝改革开放40周年大会上的讲话》，人民出版社2018年版，第23页。

进的根本保证。习近平总书记指出："必须以最广大人民根本利益为我们一切工作的根本出发点和落脚点，坚持把人民拥护不拥护、赞成不赞成、高兴不高兴作为制定政策的依据，顺应民心、尊重民意、关注民情、致力民生，既通过提出并贯彻正确的理论和路线方针政策带领人民前进，又从人民实践创造和发展要求中获得前进动力，让人民共享改革开放成果，激励人民更加自觉地投身改革开放和社会主义现代化建设事业。"[1]这就明确了党做群众工作的政治要求、工作目标、工作内涵和工作方法，确保更好地践行党的根本宗旨，贯彻党的群众路线，尊重人民主体地位，尊重人民群众在实践活动中所表达的意愿、所创造的经验、所拥有的权利、所发挥的作用，充分激发蕴藏在人民群众中的创造伟力。

共产党的力量源泉是人民群众。共产党是由无产阶级的先进分子组成的，来自于人民，成长于人民，是人民中的一分子。它的历史使命是为人民谋福利、谋幸福，为民族谋解放、谋复兴，为世界谋和平、谋发展。共产党的基本任务就是组织动员和宣传教育群众，使人民群众认识到自己的利益，团结起来为实现自己的利益而斗争，联合起来为建立更加美好的社会而奋斗。正如邓小平所指出的："工人阶级的政党不是把人民群众当作自己的工具，而是自觉地认定自己是人民群众在特定的历史时期为完成特定的历史任务的一种工具。"[2]历史使命和任务的完成，最终是阶级消灭，政党消失，国家消亡。那么，马克思主义政党即共产党产生以后，世界各国的共产党（工人党）都做了什么呢？它们做的最大的事情，一言以蔽之，就是开创了一个社会主义革命和建

---

[1]《习近平谈治国理政》第3卷，外文出版社2020年版，第182页。
[2]《邓小平文选》第1卷，人民出版社1993年版，第218页。

设的新时代。1871年法国巴黎公社革命进行了无产阶级夺取政权的首次尝试。1917年俄国十月社会主义革命胜利，开创了人类历史的新纪元。第二次世界大战后，东欧一大批社会主义国家出现，特别是1949年中华人民共和国的成立，加强了世界和平民主和社会主义阵营的力量，突破了帝国主义的东方战线，改变了冷战中的国际力量对比，对世界产生了广泛而深远的影响。

中国人民在中国共产党的领导下，经过28年浴血奋战，推翻了压在头上的帝国主义、封建主义和官僚资本主义"三座大山"，取得新民主主义革命的伟大胜利。中华人民共和国成立后，中国共产党又带领中国人民进行社会主义革命和建设，建立了比较完整的工业体系和国民经济体系，解决了几亿人的吃饭问题。尤其是1978年党的十一届三中全会作出了以经济建设为中心、实行改革开放的历史性决策，开创、坚持和发展了中国特色社会主义。在新中国成立以来革命和建设的基础上，改革开放促使我国经济社会快速发展，经济实力、科技实力、综合国力显著增强，世界影响力、感召力、塑造力显著提高，人民生活水平显著改善。中国经济总量自2010年后稳居世界第二，中国现已成为世界制造业第一大国、货物贸易第一大国、外汇储备第一大国，等等。在世界经济低迷、前景暗淡之时，中国经济"柳暗花明""一枝独秀"。在国际共产主义运动遭受挫折处于低潮的情况下，科学社会主义的旗帜在中国高高飘扬，中国成为世界社会主义的中流砥柱。在共产党的领导下，通过革命建设，经过改革开放，这些国家曾经和正在创造世界奇迹和人类的伟业。那么，它们的力量来自哪里？历史事实表明，改天换地的磅礴力量来源于人民。这一切证明了唯物史观的正确性，证明了"群众是真正的英雄"这个马克思主义颠扑不破的真理。

（三）遵循社会发展规律与尊重人民历史主体地位的一致性

中国式现代化体现了中国共产党深刻把握历史发展大势、遵循社会发展规律与尊重人民历史主体地位的一致性。人民群众是推动社会历史前进的动力，历史是由人民群众创造的，这是马克思主义的一个基本原理。

在马克思主义诞生以前，所有政治家、思想家、历史学家都认为人类社会发展没有客观规律。他们认为，人是有意识的，意识是变幻莫测的。不同的人、不同的群体、不同的阶级会产生不同的意识，形成不同的意志，发生不同的作用。因此，社会历史是杂乱无章的。马克思唯物史观的创立，第一次揭示了人类社会发展的客观规律。马克思认为，生产力决定生产关系，经济基础决定上层建筑。生产关系对生产力、上层建筑对经济基础又有一定的反作用。它们之间的矛盾是人类社会的基本矛盾，它们之间的矛盾运动决定着人类社会的发展方向及状况。资本主义生产方式的出现，使人类社会的历史真正成为了"世界历史"。那么，在人类社会历史发展中，人民群众起什么作用呢？是英雄人物创造历史，还是人民群众创造历史？马克思认为，人民群众是历史活动的主体，是社会物质财富和精神财富的创造者，是推动历史前进和社会变革的最终决定性力量。他指出："历史活动是群众的活动，随着历史活动的深入，必将是群众队伍的扩大。"[①]恩格斯也指出：推动历史发展的真正动力是"使广大群众，使整个整个的民族、以及在每一民族中间又使整个整个阶级行动起来的动机"，它们"不是短暂的爆发和转瞬即逝的火光，而是持久的、

[①]《马克思恩格斯文集》第1卷，人民出版社2009年版，第287页。

引起伟大历史变迁的行动"①。马克思还说,"任何一次革命都不可能由一个政党来完成,只有人民才能完成革命"②。他还强调,"不是国家制度创造人民,而是人民创造国家制度"③。列宁在领导俄国人民进行社会主义革命和建设的过程中,也强调指出,"生气勃勃的创造性的社会主义是由人民群众自己创立的"④。"一个国家的力量在于群众的觉悟。只有当群众知道一切,能判断一切,并自觉地从事一切的时候,国家才有力量"⑤。"在人民群众中,我们毕竟是沧海一粟,只有我们正确地表达人民的想法,我们才能管理。否则共产党就不能率领无产阶级,而无产阶级就不能率领群众,整个机器就要散架"⑥。

马克思、恩格斯在《共产党宣言》中明确指出,"过去的一切运动都是少数人的,或者为少数人谋利益的运动。无产阶级的运动是绝大多数人的,为绝大多数人谋利益的独立的运动"⑦。"在无产阶级和资产阶级的斗争所经历的各个发展阶段上,共产党人始终代表整个运动的利益"。"共产党人不是同其他工人政党相对立的特殊政党。他们没有任何同整个无产阶级的利益不同的利益"⑧。共产党为什么会有这样的性质呢?这是由共产党的阶级基础——工人阶级的历史地位和历史使命所决定的。近代以来,随着大工业的出现,社会的阶级状况发生了深刻变化。在同资产阶级对立的一切阶级中,只有无产阶级真正成为了革命的阶级,

---

① 《马克思恩格斯选集》第4卷,人民出版社1992年版,第245页。
② 《马克思恩格斯全集》第45卷,人民出版社1985年版,第716页。
③ 《马克思恩格斯全集》第3卷,人民出版社2002年版,第40页。
④ 《列宁全集》第33卷,人民出版社1985年版,第53页。
⑤ 《列宁选集》第33卷,人民出版社2017年版,第16页。
⑥ 《列宁选集》第4卷,人民出版社1995年版,第695页。
⑦ 《马克思恩格斯选集》第1卷,人民出版社1995年版,第283页。
⑧ 《马克思恩格斯选集》第4卷,人民出版社1995年版,第180页。

因为它是大工业本身的产物,而其余的阶级都随着大工业的发展而日趋没落和灭亡。因此,共产党的利益,就是工人阶级的利益,就是最广大人民群众的利益。

中国共产党在革命、建设和改革的历史过程中,从中国的实际出发,不断推进马克思主义中国化,在建党管党和治国理政的实践中,坚持把马克思主义的基本原理同中国实际和时代特征相结合,不断丰富和发展马克思列宁主义关于人民群众历史地位和作用的思想,确定了正确的行动纲领和发展战略,调动起亿万人民建设社会主义的积极性、主动性和创造性,探索、开创、推进和拓展中国式现代化。毛泽东指出:"共产党是为民族、为人民谋利益的政党,它本身决无私利可图。"①1945年党的七大把"为人民服务"的宗旨写进党章,明确规定"中国共产党人必须具有全心全意为中国人民服务的精神"。毛泽东在党的七大上所作的政治报告中也强调指出:"全心全意地为人民服务,一刻也不脱离群众;一切从人民的利益出发,而不是从个人或小集团的利益出发;向人民负责和向党的领导机关负责的一致性;这些就是我们的出发点。"②从此以后,中国共产党在自己的党章中就一直鲜明地把为人民服务确定为党的宗旨,并一以贯之地体现在党的全部工作之中。2017年党的十九大通过的《中国共产党章程》就明确规定:"党除了工人阶级和最广大人民群众的利益,没有自己特殊的利益。"③一切为了人民群众,一切依靠人民群众,就成为共产党一切工作的出发点和落脚点,成为共产党的神圣职责和义务,全心全意为人民服务就成为共产党的根本宗旨。共产党强调

---

① 《毛泽东著作专题摘编》下卷,中央文献出版社2003年版,第1877页。
② 《毛泽东选集》第3卷,人民出版社1991年版,第1094—1095页。
③ 《中国共产党章程》,人民出版社2017年版,第19—20页。

的全心全意为人民服务宗旨，是不能打一点折扣的，是不含半点杂质的。

中华人民共和国成立后，毛泽东面对党员干部队伍中出现的以功臣自居、骄傲自满、追求享受的现象，强调指出："共产党就是要奋斗，就是要全心全意为人民服务，不要半心半意或者三分之二的心三分之二的意为人民服务。"①马克思是共产党的"老祖宗"。马克思主义博大精深，但归根到底就是一句话，为人民求解放。因此，共产党立党为公、执政为民，是天经地义的事，是始终不渝的事，是一以贯之的事。共产党的宗旨是其区别于其他任何剥削阶级政党的重要标志。为人民服务是共产党的价值观，人民性是马克思主义最鲜明的品格，人民情怀是共产党人的情怀，人民立场是共产党人的根本立场。这里需要强调的是，共产党的党性和人民群众的人民性是高度统一、完全一致、不可分割的。坚持人民立场，也就是坚持党性立场。

改革开放不断解放和发展社会生产力，使中国真正发展起来、活跃起来。我国国内生产总值由1978年的3679亿元增长到2017年的827万亿元，年均实际增长9.5%，远高于同期世界经济2.9%左右的年均增速。我国国内生产总值占世界生产总值的比重由改革开放之初的1.8%上升到15.2%，多年来对世界经济增长贡献率超过30%。我国贫困人口累计减少7.4亿人，贫困发生率下降94.4个百分点，谱写了人类反贫困史上的辉煌篇章。中国人民在富起来、强起来的征程上迈出了决定性的步伐。②

在全国脱贫攻坚总结表彰大会上，习近平总书记庄严宣告："经过全党全国各族人民共同努力，在迎来中国共产党成立一百

---

① 《毛泽东文集》第7卷，人民出版社1999年版，第285页。
② 习近平：《在庆祝改革开放40周年大会上的讲话》，人民出版社2018年版，第12页、15页。

周年的重要时刻，我国脱贫攻坚战取得了全面胜利，现行标准下9899万农村贫困人口全部脱贫，832个贫困县全部摘帽，12.8万个贫困村全部出列，区域性整体贫困得到解决，完成了消除绝对贫困的艰巨任务，创造了又一个彪炳史册的人间奇迹！"①历史告诉我们，心中没有人民，忽视群众利益，是苏联共产党和东欧国家共产党被人民抛弃的重要原因。而以经济建设为中心，解放和发展社会生产力，发展经济，不断改善人民生活，是中国共产党在人民群众中获得极高威望，得到人民群众衷心拥护和大力支持的根本原因。

中国共产党在改革开放实践中尤其是在党的十八大以来的实践中，不断深化人民在社会历史发展中的地位和作用的认识，丰富和发展了马克思主义关于人民性的思想理论，提出了以人民为中心的发展思想，并将之用于指导改革发展的实践，取得了巨大的理论成果、实践成果和制度成果。习近平总书记指出："'治国有常，而利民为本。'以人民为中心的发展思想，不是一个抽象的、玄奥的概念，不能只停留在口头上、止步于思想环节，而要体现在经济社会发展各个环节。"②他还多次强调，坚持和发展中国特色社会主义，必须坚持人民至上、人民主体地位，一切为了人民，一切依靠人民，人民利益高于一切；要把增进人民福祉、促进人的全面发展、朝着共同富裕的方向稳步迈进作为工作的出发点和落脚点，等等。这些重要论述的核心，就是坚持人民立场，坚持人民至上。中国共产党提出的坚持以人民为中心的发展思想，植根于马克思主义的基本原理，总结了社会主义国家正

---

① 习近平：《在全国脱贫攻坚总结表彰大会上的讲话》，《人民日报》2021年2月26日。
② 习近平：《在省部级主要领导干部学习贯彻党的十八届五中全会精神专题研讨班上的讲话》，人民出版社2016年版，第24页。

反两方面的经验教训，提炼了我国在改革开放实践中的新鲜经验做法，反映了中国特色社会主义的本质特征，体现了科学社会主义的价值原则。从认识论、方法论、历史观、价值观上解决了相信谁、依靠谁、为了谁的问题。践行这一思想，就要坚持权为民所用、情为民所系、利为民所谋，就要坚持发展为了人民、发展依靠人民、发展成果由人民共享。这是坚守共产党人根本立场的重大政治问题。

在当代中国，实现"两个一百年"奋斗目标，以中国式现代化全面推进中华民族伟大复兴，无论是创新驱动、激发活力的改革举措，还是统筹城乡、区域、经济社会、物质文明、精神文明建设；无论是治理环境污染、顺应人民对良好生态的期待，还是协调效率与公平关系、既要做大蛋糕又要更公平分好蛋糕，都必须坚持以人民为中心的发展思想，坚持人民至上的价值理念，坚持解决民生问题的鲜明导向。

二、坚持人民至上

（一）坚持以人民为中心的发展思想

习近平总书记在党的十九大报告中明确指出，"发展是解决我国一切问题的基础和关键"，"必须坚持以人民为中心的发展思想"。2020年5月全国"两会"期间，习近平总书记进一步强调这一问题，并就此进行了科学阐释。深入学习领会习近平总书记关于坚持以人民为中心的发展思想，应重点从三个方面加以把握。

坚持以人民为中心的发展思想首先是马克思主义政党的必然选择。坚持以人民为中心的发展思想，从根本上回答了发展"为了谁"的问题，极大凸显了中国共产党立党为公、执政为民的初心和根本宗旨，也是马克思主义政党的必然选择。马克思主义政党的基本要求和根本属性是为人民谋利益，这也是马克思主义政党区别于其他任何政党的显著标志。中国共产党作为以马克思主义理论武装而建立起来的政党，必须始终遵循马克思主义为人民指明的实现自由和解放的道路前进，与时俱进地弘扬马克思主义人民性的理论品格。坚持以人民为中心的发展思想，就是党要通过领导人民不懈奋斗，实现人民的自由而全面发展。奋进在中国特色社会主义新时代，以习近平同志为核心的党中央，提出坚持以人民为中心的发展思想。习近平总书记尤为强调以人民为中心的发展思想这一马克思主义的立场，鲜明指出："党团结带领人民进行革命、建设、改革，根本目的就是为了让人民过上好日子，无论面临多大挑战和压力，无论付出多大牺牲和代价，这一点都始终不渝、毫不动摇。"[1]

坚持以人民为中心的发展思想是社会主义民主政治的本质要求。在我国，人民当家作主是社会主义民主政治的本质和核心。这就要求我国经济社会发展必须体现人民当家作主的社会主义民主政治本质要求。习近平总书记指出："国家建设是全体人民共同的事业，国家发展过程也是全体人民共享成果的过程。"[2]坚持以人民为中心的发展思想，从根本上回答了发展成果"属于谁"的问题，即由全体人民共享，避免出现一部分人的"获得感"建立在另一部分人的"失落感"甚至是"被剥夺感"的基础之上，

---

[1]《平语近人：习近平喜欢的典故》第2季，人民出版社2021年版，第15页。
[2]《习近平关于全面建成小康社会论述摘编》，中央文献出版社2016年版，第149页。

充分彰显了马克思主义人民主体地位的内在要求和价值取向。他曾就决战决胜脱贫攻坚强调:"我们这代人有一份情结,扶一把老百姓特别是农民。社会主义道路上一个也不能少,全面小康大家一起走。"①他还就新冠肺炎疫情下民营企业遭遇"大考"指出,"要进一步发展,仍然是在'难'中发展","不同时期破解不同难题,现在我们就要进一步研究怎么破解民营企业发展的现阶段难题"。②这些关于坚持以人民为中心发展思想的具体化阐释,既是进一步阐明党和国家关于科学发展的大政方针,也是党领导人民当家作主,尊重人民主体地位,走共同富裕道路,确保实现人民各项权益,促进人的全面发展,切实做到发展成果由人民共享的实践路径。未来经济社会发展的实践中,就是要切实从人民当家作主的主体地位出发,坚持人民立场,把人民群众的根本利益实现好、维护好、发展好,使发展成果最大程度地惠及人民。

坚持以人民为中心的发展思想是实现中华民族伟大复兴的根本途径。实现中华民族伟大复兴这项宏伟大业,绝不是轻轻松松、敲锣打鼓就能实现的,而是要靠党带领全国人民,付出更为艰巨、更为艰苦的努力去加以实现,其中人民群众是实现中国梦的中坚力量。可以说,人民群众既是实现中国梦的动力源泉,也是实现中国梦的根本保障,没有广大人民群众积极参与筑梦追梦圆梦,就没有中华民族伟大复兴。那么,如何才能确保最广大的人民群众参与到实现中国梦的伟大实践中来?坚持以人民为中心的发展思想是最为有效的途径,因为它从根本上解决了发展"依

---

① 习近平:《在庆祝"五一"国际劳动节暨表彰全国劳动模范和先进工作者大会上的讲话》,人民出版社2015年版,第7页。

② 《微镜头:习近平总书记两会"下团组"》,《人民日报》2020年5月24日。

靠谁"的问题,这就是切实将人民群众看作是中华民族的主体,是推动中国社会进步发展的强大动力,也是实现民族复兴最根本最可靠的力量。习近平总书记指出,"中国共产党根基在人民、血脉在人民、力量在人民","人民是共和国的坚实根基,人民是我们执政的最大底气"。[①]只有坚持以人民为中心发展思想,切实保证人民平等参与、平等发展权利,维护社会公平正义,人民群众的心情才会舒畅,各方面的社会关系才能协调,人民群众圆梦的积极性、主动性、创造性才能充分释放和发挥,进而万众一心、勠力齐心朝着社会主义现代化强国的目标奋进。这就要求全党始终坚持人民至上,紧紧依靠人民、不断造福人民、牢牢植根人民,将以人民为中心的发展思想切实落实到"努力在危机中育新机、于变局中开新局"的谋划之中,落实到脱贫攻坚、经济发展、公共卫生等重大问题的有效解决之中,落实到做好"六稳""六保"统筹疫情防控和经济社会发展工作之中,落实到以中国式现代化全面推进中华民族伟大复兴的实施方略之中。

(二)发展全过程人民民主

中国共产党的奋斗史,是一部全过程人民民主生根发芽、成长壮大的历史。党在领导革命、建设和改革的历史实践中,充分认识到发扬人民民主的重要性,将人民民主的理论与实践贯穿于全过程,开拓出一条具有中国特色的民主发展道路,形成了符合中国国情和实际的全过程人民民主理论。

新民主主义革命时期,人民民主在孕育和发展之中。随着鸦片战争战败后,中国人民和中华民族遭受了空前未有的劫难,有

---

① 《国家主席习近平发表二〇一九年新年贺词》,《人民日报》2019年1月1日。

志之士选择照搬西方民主制度用于救国救民,却以失败而告终。俄国十月革命的胜利在中国掀起了传播马克思列宁主义的高潮,一种全新的民主思想开始在中国大地生根发芽。人民民主是在中国共产党领导的革命斗争中产生的,深深地植根于中国革命的肥沃土壤。以毛泽东同志为主要代表的中国共产党人在革命战争时期对民主的阶级性始终保持着清醒的认识,创造出契合革命发展需要和不断满足人民合理利益诉求的社会主义民主形态,实现了从工农民主政权到人民民主政权的转变。1921年,党的一大通过了"承认无产阶级专政""消灭资本家私有制"①的纲领,旨在采用阶级斗争的方式来颠覆资产阶级政权,从而达到实现无产阶级专政的目的。1922年,党的二大把"民主"纳入纲领中,实现"中华民族完全独立","统一中国为真正民主共和国"。②这是在建党初期,中国共产党领导人民争得民主过程中的重要阶段。1927年,大革命失败后,中国共产党高举工农武装割据的旗帜,团结带领人民开辟了革命根据地,并在局部地区成功建立工农苏维埃政权。中国共产党对人民民主理论和实践的探索在土地革命阶段初见星火之光。抗日战争爆发后,面对民族危难,为了团结一切可以抗日的力量,增加各阶级参加抗日斗争的可能性,1935年,毛泽东提出"人民共和国"的口号,后转为"民主共和国"。这是从广大人民的民主要求产生出来的统一战线的口号,也是面向全中国最广大人民群众的民主。1939年,毛泽东提出"人民民主主义"和"新民主主义"的概念,并于1940年在《新民主主义论》中首次阐述了"新民主主义共和国"的构想。中国共产党倡导的人民民主理论在全面抗战这一阶段得到充分实践。1945

---

① 《建党以来重要文献选编(1921—1949)》第1册,中央文献出版社2011年版,第1页。
② 《建党以来重要文献选编(1921—1949)》第1册,中央文献出版社2011年版,第133页。

年，毛泽东在党的七大会议上作了《论联合政府》的政治报告，他强调："将中国建设成为一个独立、自由、民主、统一和富强的新国家。"并再次说明："只有经过民主主义，才能到达社会主义。"[1]1949年，毛泽东发表《论人民民主专政》，全面阐述了民主与专政之间的相互关系、各阶级在新中国的地位等重要问题，并且对人民民主的价值追求和制度设计做了完整的论述。中国共产党在新民主主义革命时期对人民民主理论展开了积极探索和充分实践，为党领导人民发展全过程人民民主奠定了政策基础、指明了道路方向，从此人民民主发展进入新纪元。

社会主义革命和建设时期，人民民主的曲折探索随着社会历史的发展和党的中心任务的转变，历史进程从新民主主义革命时期过渡到社会主义革命和建设时期，人民民主运行的手段和方式需要从大规模的群众革命运动转换为建立健全人民民主制度。1949年，中国人民政治协商会议第一届全体会议通过的《共同纲领》明确规定了新中国的国体是人民民主专政，政体是人民代表大会制度。这是《共同纲领》从政治制度层面保证了人民当家作主的权利。新中国成立后，中国共产党团结带领中国人民经过艰苦卓绝的努力奋斗，使国家的政治、经济等各项工作趋于稳定，全国人民代表大会召开的条件日渐成熟。为充分发扬民主精神，首先在全国范围内进行普选，各县、市、省等积极召开地方各级人民代表大会，旨在为第一届全国人民代表大会的顺利召开奠定坚实的基础。1954年，新中国第一部宪法问世，它对人民民主专政的国体和民主共和的政体进行了法律规定，多年的民主诉求终于通过民主制度体系得以准确表达，人民各项民主权利得到具体

---

[1]《建党以来重要文献选编（1921—1949）》第22册，中央文献出版社2011年版，第131页、158页。

落实。人民民主制度建立以后，中国共产党率先把发展生产力与实现工业化相联系，将其作为主要任务规划和战略发展目标。中共中央关于过渡时期总路线的正式提出、"一五"计划的制定和实施，为接下来开展国民经济工作和其他各项具体工作提供了有力的方向指引。最终"三大改造"和"一五"计划的大功毕成为中国工业化的进步奠定了坚实可靠的基础，也为人民民主的持续发展提供了必要的物质条件。1956年，党的八大召开，宣布我国社会主义制度正式建立起来，巩固了人民民主专政制度。其有关民主建设的论述所涉内容甚广，包含坚持民主集中制、扩大社会主义民主、完善人民民主法制、加强民主监督等多个方面，为指导我国民主建设作出了巨大的贡献。遗憾的是，迫于错综复杂的历史原因与现实条件的阻碍，党的八大以后我国社会主义人民民主的探索之路呈现曲折的态势。中国共产党在社会主义革命和建设时期对人民民主理论的探索和实践为党发展全过程人民民主奠定了制度基础，提供了方法遵循，从此人民民主大厦巍然耸立起来。

改革开放和社会主义现代化建设新时期，人民民主有序前行。"文革"结束后，党内主要围绕平反冤假错案、恢复国家民主法制、展开真理标准大讨论等方面开展具体工作，重新审视和思考民主对社会主义的重要性。1978年，邓小平提出："为了保障人民民主，必须加强法制。必须使民主制度化、法律化。"[1]这说明民主与法制紧密相连、相辅相成，不实行法制就不能确保人民真正当家作主，没有制度和法律保护的民主，只能是脆弱的、形式上的民主。1979年，邓小平强调："没有民主就没有社会主

---

[1]《邓小平文选》第2卷，人民出版社1994年版，第146页。

义，就没有社会主义现代化。"①这一科学命题明确阐释了是否重视民主建设直接关系到一个政党和国家的兴亡成败。该命题还将社会主义现代化的目标规划与民主相关联，强调中国现代化的实现离不开民主建设的正常发展。这些表述，表明了邓小平对发展民主和健全法制所做出的重大贡献，为中国共产党探索社会主义民主开拓了新的视野，引导我国的民主法制建设健康发展。党的十四大和党的十五大也都对如何加强社会主义民主政治建设做出了重点描绘和规划，以建设有中国特色的社会主义民主政治为核心目标，坚持人民民主专政制度，不走西方民主道路；完善民主监督制度，特别是群众监督制度；大力推进政治体制改革等。江泽民提出"三个代表"重要思想，解决了中国共产党在社会主义初级阶段条件下，中国社会各阶层、各团体的利益代表问题。2002年，江泽民在党的十六大报告中重申健全民主制度的重大理论，指出了不断扩大党执政基础的具体化表现，揭示了中国共产党探索社会主义民主政治实践的多样性。胡锦涛提出的科学发展观在理论上回答了人在社会主义建设中的地位问题，其核心是以人为本，着力解决改善民生问题，加快建设社会保障制度体系，让人民群众共享改革发展成果。民生与民主之间息息相关，民生是在更高水平上塑造中国民主发展的基础。党的十七大提出，"必须坚持以人为本，全心全意为人民服务是党的根本宗旨，党的一切奋斗和工作都是为了造福人民"②。这有助于各级政府科学、民主制定决策，推进人民民主建设。综上所述，在这一时期，中国共产党对全过程人民民主的探索和实践迈出了历史性的

---

① 《邓小平文选》第2卷，人民出版社1994年版，第168页。
② 胡锦涛：《高举中国特色社会主义伟大旗帜 为夺取全面建设小康社会新胜利而奋斗——在中国共产党第十七次全国代表大会上的报告》，人民出版社2007年版，第15页。

一步。

中国特色社会主义进入新时代，人民民主开拓创新，全面发展全过程人民民主。中国共产党统筹"两个大局"，科学研判社会主义民主政治建设的发展趋向，精准概括出关乎人民民主的诸多重大论断。党的十八大报告倡导践行社会主义核心价值观，并将民主作为其基本内容之一，在国家层面阐明人民群众对社会民主政治的诉求；提出"社会主义协商民主制度"这一概念，在实践、理论、制度层面对人民民主进行了进一步阐述，一系列的理论和实践创新由此展开。党的十八届三中全会阐述了我国协商民主产生和发展的历史必然性，对其进行定性定位，并统筹规划了协商民主广泛多层制度化发展的具体安排，指明了中国共产党发展人民民主的航向。2014年，习近平总书记在庆祝中国人民政治协商会议成立65周年大会上的讲话中集中概括了社会主义协商民主作为一道独特且亮丽的风景，凭借着其特有形式和独特优势深深嵌入在中国社会主义民主政治全过程，并伴随着社会主义民主政治建设的深入推进而不断发展。2015年颁布的《中共中央关于加强社会主义协商民主建设的意见》是谱写社会主义协商民主建设新篇章的纲领性文件，全面部署了新形势下系统开展协商民主的战略举措，为各协商渠道贯彻落实协商民主提供了基本遵循。随后，党中央在一年内针对人民政协协商、城乡社区协商和政党协商相继颁布印发了专项实施意见，这些意见将各地区、各部门贯彻执行协商民主的方针和策略进一步具体化，有力推动了协商民主的制度化、规范化和程序化。党的十九大报告明确提出，"有事好商量，众人的事情由众人商量，是人民民主的真谛"[①]，并对发挥社会主义协商民主重要作用做出战略部署，实

---

① 《习近平谈治国理政》第3卷，外文出版社2020年版，第29页。

时回应新时代人民民主的呼唤。党的十九届四中全会强调要在制度体系上丰富"有事好商量、众人的事情由众人商量"的实践过程，明晰了协商民主是嵌入在各个环节和各个程序之中的，要"完善协商于决策之前和决策实施之中的落实机制"，为接下来全过程民主的提出奠定基础。同年，习近平总书记在上海考察时，首次提出"人民民主是一种全过程民主"的重要论断。2021年，"全过程民主"被写入十三届全国人大四次会议审议的两部法律草案中。习近平总书记在庆祝中国共产党成立100周年大会上的重要讲话中指出，"践行以人民为中心的发展思想，发展全过程人民民主"[①]，将"人民"二字纳入其中。习近平总书记在后续召开的中央人大工作会议上对"全过程人民民主"的内涵和外延做出全面且深入的阐述。党的十九届六中全会把"发展全过程人民民主"作为新时代党在民主政治建设中取得的历史性成就写入《决议》中，从面向未来的战略高度作出进一步安排和部署。2021年，《中国的民主》白皮书对中国民主的本质内涵、制度安排、民主实践、历史贡献做出全方位的概括和描述，全过程人民民主理论得到体系化建构。新时代以来，中国共产党的民主话语体系得到了极大的丰富和发展，全过程人民民主发展取得显著成就，中国的民主之路越走越宽广。

（三）实现全体人民共同富裕

实现社会主义现代化，推进全体人民共同富裕，既是我们的"远景目标"，更是当下正在从事的事业。"十四五"规划提出，到2035年，"基本实现社会主义现代化""全体人民共同富裕取

[①] 习近平：《在庆祝中国共产党成立100周年大会上的讲话》，人民出版社2021年版，第12页。

得更为明显的实质性进展"。中国式现代化之路与实现全体人民共同富裕之间密切相关，不可分割，离开中国式现代化之路，就无法实现全体人民的共同富裕，不以全体人民共同富裕为目标诉求的现代化，也不是中国式现代化。

共同富裕是社会主义的本质要求，是人民群众的共同期盼，坚持人民至上的百年历史经验以全体人民共同富裕为基本研究假设，纳入中国特色社会主义政治经济学基本原理中，彰显习近平经济思想的人民立场和价值追求。人民群众对美好生活的向往，就是共同富裕的奋斗目标。人的需要是不断螺旋式上升的，要让实现全体人民共同富裕在广大人民现实生活中更加充分地展示出来。

中国共产党是马克思主义共同富裕理论和中华优秀传统大同思想文化的坚定捍卫者和忠实践行者。习近平总书记指出："一百年来，中国共产党团结带领中国人民进行的一切奋斗、一切牺牲、一切创造，归结起来就是一个主题：实现中华民族伟大复兴。"[1]中国共产党的百年历史就是带领中国人民不断实现从站起来、富起来到强起来的历史。中国共产党一经成立，就将实现人民幸福、民族复兴作为自己的初心使命。中国共产党为实现全体人民共同富裕的百年探索，集中体现了扎实推进共同富裕的历史逻辑。

近代以来，中国逐步成为半殖民地半封建社会，中国共产党成立后争取民族独立、人民解放，为实现共同富裕创造根本社会条件。陈独秀作为党的创始人之一，早在《青年杂志》创刊之际就指出："财产私有制虽不克因之遽废，然各国之执政及富豪，

---

[1] 习近平：《在庆祝中国共产党成立100周年大会上的讲话》，人民出版社2021年版，第3页。

恍然于贫富之度过差，决非社会之福。"①党在成立伊始就将马克思主义作为指导思想，关注社会共同富裕问题。毛泽东在1927年《湖南农民运动考察报告》中指出，"所有反对农民运动的议论，都必须迅速矫正。革命当局对农民运动的各种错误处置，必须迅速变更"，"一切革命同志须知：国民革命需要一个大的农村变动"，土地革命成为中国革命的关键变量。中国共产党领导中国人民在广袤的农村开展土地革命，"打土豪、分田地"是团结农民、帮助农民改善经济地位的重要手段。"由于我党坚决领导农民实现了土地制度的改革，现已在大约一万万人口的区域彻底解决了土地问题"②。在各个历史阶段，在广大农村平均地权，是中国共产党人探索共同富裕的第一步。

新中国成立后，恢复和发展国民经济是巩固新生政权的头等大事，党利用3年时间完成了国民经济恢复工作，为社会主义革命奠定了充分的物质基础，创造性地采用和平赎买政策，实现了国家对农业、手工业和资本主义工商业的社会主义改造，建立起社会主义制度，为全方位推进共同富裕奠定根本政治前提和制度基础。在党的文献中，共同富裕最早出现在毛泽东1953年起草的《中共中央关于发展农业生产合作社的决议》中，"党在农村中工作的最根本的任务……逐步实行农业的社会主义改造……使农民能够逐步完全摆脱贫困的状况而取得共同富裕和普遍繁荣的生活"③，共同富裕被正式提上议事日程。毛泽东在新中国成立初期提出工业化是实现共同富裕的必由之路，并强调："现在我们实行这么一种制度，这么一种计划，是可以一年一年走向更富

---

① 《陈独秀文集》第1卷，人民出版社2013年版，第99页。
② 《毛泽东选集》第4卷，人民出版社1991年版，第1343页。
③ 《毛泽东文集》第7卷，人民出版社1999年版，第442页。

更强的,一年一年可以看到更富更强些。而这个富,是共同的富,这个强,是共同的强,大家都有份。"①要想实现共富共强,必然要求推进工业化改变农业国的地位。党的八大后,国内的主要矛盾是建立先进工业国的要求和落后农业国之间的矛盾,此后共同富裕的推进主要体现在发展生产力和实现工业化上。从目标导向和结果导向来看,这段历史时期共同富裕成就举世瞩目。中国初步实现了工业化,为国家现代化建设奠定了物质基础,并避免了两极分化,创造了中国有史以来最为公平的社会。抗美援朝战争的胜利、以"两弹一星""一艇"为标志的科技、独立的工业和国民经济体系的初步建立、中国成功恢复在联合国及安理会的合法席位、我国在广大第三世界国家的号召力等,表明新中国在军事上和国际政治上成为真正的强国。这一时期对共同富裕的探索,初步奠定了我国发展的制度基础和工业、国防基础。

党的十一届三中全会以后,我们党深刻总结正反两方面历史经验和教训,认识到"贫穷不是社会主义"的内在要求,打破传统体制对生产力发展的束缚,允许一部分人、一部分地区先富起来,采用差异化和不平衡的发展战略,激活生产关系环节,推动解放和发展社会生产力。以邓小平同志为核心的党的第二代领导集体重新认识社会主义的本质,"社会主义的本质,是解放生产力,发展生产力,消灭剥削,消除两极分化,最终达到共同富裕"②,规定了共同富裕是社会主义的本质属性,把市场资源配置方式和社会主义制度结合起来,实行改革开放的历史性决策,成功开创中国特色社会主义市场经济。中国特色社会主义政治经济学有力地指导和解释了中国富起来的经济奇迹。正确处理市场

---

① 《毛泽东文集》第6卷,人民出版社1999年版,第495页。
② 《邓小平文选》第3卷,人民出版社1993年版,第373页。

"看不见的手"和政府"看得见的手"的关系，从生产力和生产关系的矛盾运动出发，最大限度地解放和发展生产力，不断拓宽共同富裕的内涵和外延。在生产力的发展环节，推进经济部门工业化和地理空间城镇化，夯实共同富裕的财富积累；在生产关系的改革环节，推动市场主体民营化和资源配置市场化，加强共同富裕的广泛覆盖。从先富带后富、先富帮后富到效率优先、兼顾公平，再到兼顾公平与效率，科学发展观将共同富裕从单纯的经济层面拓展到人的全面发展，深化了对共同富裕的思想认识。1978—2012年，中国GDP年均增长约9.78%，创造了第二次世界大战后一国GDP增长持续时间最长、增长率最高的世界纪录，堪称当代世界经济发展的奇迹。截至2012年，我国工业产值和外汇储备跃居世界第一、经济总量稳居世界第二、教科文卫体发展显著、民生从温饱提升为小康、香港和澳门的成功回归、政治和军事的国际地位也日益上升，标志着我国在生产力和经济上也发达起来。中国实现了人民生活从温饱不足到总体小康再到实现全面小康的历史性跨越，大踏步赶上了时代，真正做到了"富起来"。

党的十八大以来，我国社会的主要矛盾转变为人民日益增长的美好生活需要和不平衡不充分发展之间的矛盾，中国特色社会主义进入新时代。党的十八大提出，"共同富裕是中国特色社会主义的根本原则"，"必须坚持人民主体地位"，习近平总书记关于共同富裕的一系列重要论述成为习近平经济思想的重要组成部分。新发展理念作为习近平经济思想的主要内容，共享发展理念突出共同富裕要全民共享、全面共享、共建共享和渐进共享。坚持以人民为中心的发展思想突出发展的包容性，通过供给侧结构性改革作为推动经济工作的主线，满足人民日益增长的美好生活需要。党的十九届五中全会指出，要把促进全体人民共同富裕摆在更加重要的位置。坚持党对经济工作的集中统一领导，确保实现全体人民共同富裕的政治保障，是党长期执政的力量源泉。坚持增强人民的幸福感、满足感和获得感，最大限度地放大实现共同富裕的"最大公约数"。坚持稳中求进的治国理政工作总基调，最大限度地降低实现共同富裕的交易成本。

新时代共同富裕仍面临着发展不平衡不充分、城乡区域发展和收入分配差距较大、贫困治理等问题和挑战，必然要求推动经济迈向高质量发展、坚持在发展中保障和改善民生、深化收入分配制度改革等解决措施。在百年变局叠加世纪疫情的复杂形势下，2013年至2021年中国经济仍然实现了GDP年均增长6.51%的高质量发展。新时代中国经济奇迹的创造，中国始终朝着实现共同富裕的目标不懈努力，全面建成小康社会取得伟大历史性成就。特别是决战脱贫攻坚取得全面胜利，到2020年底，现行标准下9899万农村贫困人口全部脱贫，城乡居民收入差距进一步缩小至人均可支配收入比值为2.56∶1，统筹区域发展取得重大进展，困扰中华民族几千年的绝对贫困问题得到历史性解决，为新发展阶段推进共同富裕奠定了坚实基础。

全面建成小康社会后，我国开启全面建设社会主义现代化国家、奋力实现全体人民共同富裕的新征程。共同富裕是中国式现代化的重要特征，共同富裕本身就是社会主义现代化的一个重要目标，因此共同富裕目标实现和中国式现代化推进必须并入考量。党的十九大提出，到2035年，全体人民共同富裕迈出坚实步伐；到21世纪中叶，全体人民共同富裕基本实现。党的十九届五中全会对扎实推进共同富裕作出重大战略部署，到2035年全体人民共同富裕取得更为明显的实质性的进展，针对扎实推进共同富裕，提出了重要要求和重大举措，与党的十九大关于共同富裕的战略部署相比，兼顾了需要和可能。推进全体人民共同富裕，不是少数人的富裕，不是畸形发展的富裕，不是等靠要的富裕。首先，是全民共富。共同富裕路上，一个都不能少，一个民族、一个地区都不能掉队，让人民群众真真切切感受到共同富裕看得见、摸得着、真实可感。其次，是全面富裕。共同富裕是人民物质生活和精神生活都富裕，是推动人自由全面发展的富裕，是生活富裕富足、精神自信自强的富裕；物质文明与精神文明必须齐头并进，才能实现人的自由发展和社会全面进步。再次，是共建共富。鼓励勤劳创新致富，共同富裕要靠勤劳智慧来创造，弘扬勤劳致富精神，幸福生活都是奋斗出来的；必须体现人人参与、人人尽力和人人贡献的共建格局，让一切创造财富的源泉充分涌流，增强全体人民共同富裕的幸福感、获得感和安全感。

  2021年8月，习近平总书记主持召开中央财经委员会第十次会议，强调在高质量发展中促进共同富裕，提出了促进共同富裕的总思路，就是"坚持以人民为中心的发展思想，在高质量发展中促进共同富裕，正确处理效率和公平的关系，构建初次分配、再分配、三次分配协调配套的基础性制度安排，加大税收、社保、转移支付等调节力度并提高精准性，扩大中等收入群体比重，增加低收入群体收入，合理调节高收入，取缔非法收入，形成中间大、两头小的橄榄型分配结构，促进社会公平正义，促进人的全面发展，使全体人民朝着共同富裕目标扎实迈进"。为此，他提出共同富裕三步走的路线图，即"到'十四五'末，全体人民共同富裕迈出坚实步伐，居民收入和实际消费水平差距逐步缩小。到2035年，全体人民共同富裕取得更为明显的实质性进展，基本公共服务实现均等化。到本世纪中叶，全体人民共同富裕基本实现，居民收入和实际消费水平差距缩小到合理区间"。习近平总书记还提出了鼓励勤劳创新致富、坚持基本经济制度、尽力而为量力而行、坚持循序渐进等原则。①

三、坚持人民主体地位是人民历史主体地位的生动体现

坚持什么样的历史主体观，是一个政党和一个国家选择发展依靠力量的决定性因素。中国共产党从一个几十人的小党发展成为九千多万党员的执政党，靠的是什么？靠的就是依靠广大人民群众的力量，克服一道又一道难关，把中国带向了具有光明前景的康庄大道。在中国式现代化发展进程中，坚持人民的主体地位，坚持促进人的全面发展的历史主体观，始终贯彻在社会主义建设的每一项事业之中，为丰富和发展马克思主义历史主体论贡献了中国智慧，是马克思主义关于人民历史主体地位的生动体现。

（一）始终把人民摆在历史创造者的主体地位

主客体范畴属于实践哲学的范畴，主体指具有能动性的人，客体是被主体作用的对象。回到历史运动之中，历史主体是指历史的创造者，是推动历史运动变化的主体力量，历史主体在历史发展中的作用具体表现为历史创造和推动社会变革。

在历史主体观的问题上，马克思、恩格斯坚持从实践的视角把握历史的主体，从人民群众的生动实践来诠释历史主体。在他

---
① 习近平：《扎实推动共同富裕》，《求是》2021年第20期。

们看来，人类社会之所以能实现从低级到高级的运动变化，根本的推动力量在于人民群众认识世界和改造世界的活动，即感性的物质生活实践。人民是实践的主体，历史活动是群众的活动。人民群众是历史的创造者，这是马克思主义唯物史观的基本原理。随着历史的发展，推动历史进步的群众队伍将不断增加，群众推动历史进步的力量也将越来越大。在马克思、恩格斯看来，人民群众推动历史进步的活动是在一定的社会历史条件下进行的，既受到历史条件的制约，同时又创造历史。

在历史活动中，人民是真正的英雄，改天换地的磅礴力量来源于人民。自1840年被迫逐步成为半殖民地半封建社会起，中国人民遭受到了来自封建主义和帝国主义的双重压迫。中华民族也由此开启了争取民族独立和国家富强的历史征程。1921年，坚持马克思主义唯物史观指导的中国共产党诞生。由此，中国人民在中国共产党的带领下，完成了从"东亚病夫"到站起来的历史性飞跃，完成了从站起来到富起来的伟大飞跃，走向从富起来到强起来的新篇章。在新民主主义革命、社会主义革命和建设、改革开放和社会主义现代化建设、中国特色社会主义新时代，人民群众都作出了不可磨灭的历史功绩。

中国共产党在继承和发展马克思主义的过程中，始终尊重人民的首创精神，将人民群众放在首位，带领全体中国人民探索、开创、推进和拓展中国式现代化，实现了从站起来、富起来到强起来的历史性飞跃。因此，正如习近平总书记在庆祝中国共产党成立95周年大会上所说："尊重人民主体地位，保证人民当家作主，是我们党的一贯主张。"[1]正是依靠这种"主张"，人民群众

---

[1] 习近平：《在庆祝中国共产党成立95周年大会上的讲话（2016年7月1日）》，《求是》2021年第8期。

在物质生产和精神文化领域的主动性得到了充分发挥,创造了中国经济快速发展和社会保持长期稳定的人间奇迹,彰显了历史主体的重要作用。在庆祝中国共产党成立100周年大会上,习近平总书记再次指出:"人民是历史的创造者,是真正的英雄。"[1]

(二)始终把人民作为中国式现代化的推动力量

社会变革是解放生产力、发展生产力进而推动社会运动变化的重要动力。明确社会变革的主体力量是谁,是区分、检验唯心史观和唯物史观的重要标尺。社会变革是社会运动变化发展过程中的重要环节,是社会运动的重要动力。社会变革的缘起在于社会运动中的矛盾,特别是生产力与生产关系、经济基础与上层建筑的矛盾,根源在于生产力与生产关系、经济基础与上层建筑之间的不适应。变革的目的就是要让特定历史时期的生产力对应与之匹配的生产关系,经济基础对应相应的上层建筑。矛盾在以广大人民群众为主体的生产实践中产生,矛盾的最终解决也只能通过人民群众的生产实践来实现,因此,社会变革的主体力量在人民,这是认识社会变革问题应该具有的基本态度。

中国式现代化历史进程中的改革开放,就是在社会主义根本制度下的社会变革。依靠人民群众的主体力量推进改革开放,是推进中国式现代化历史进程中蕴含的鲜明的历史主体观,是中国共产党工作的优良传统,是"党和人民事业大踏步赶上时代的重要法宝"[2]。

习近平总书记在谈到全面深化改革时就多次谈到要形成改革

---

[1] 习近平:《在庆祝中国共产党成立100周年大会上的讲话》,人民出版社2021年版,第5页。
[2] 《中国共产党第十八届中央委员会第三次全体会议文件汇编》,人民出版社2013年版,第17页。

共识的问题，尊重人民群众的首创精神，调动一切可以调动的力量来进行改革。在党的十八届中央政治局第二次集体学习时，习近平总书记提出："改革开放是亿万人民自己的事业，必须坚持尊重人民首创精神，坚持在党的领导下推进。改革开放是人民的要求和党的主张的统一，人民群众是历史的创造者和改革开放事业的实践主体。"①认为在改革开放中每一个新生事物的出现，以及每一个方面经验的积累与创造，都来自人民群众的伟大实践。要善于从人民群众的实践中总结经验，完善政策主张，为不断深化改革夯实群众基础。

（三）始终把人民作为实现中华民族伟大复兴的主体力量

自党的十一届三中全会以来，中国改革开放已经经过了40多年的历程，中国特色社会主义取得了巨大成就。特别是党的十八大以来，以习近平同志为核心的党中央，在外部面临着世界经济复苏的困局、局部冲突和动荡不断、全球性问题加剧等问题，在内部又面临着我国经济发展进入新常态所带来的一系列深刻变化这样的条件下，仍然取得了中国特色社会主义建设的历史性成就，成功推进和拓展了中国式现代化。中国正以崭新的面貌屹立于世界民族之林。

改革开放让中国找到了一条适合中国国情的社会主义建设之路，使中国走上了实现中华民族伟大复兴的康庄大道。以习近平同志为核心的党中央坚持以人民为主体，坚持发挥广大人民群众的积极性开启实现中华民族伟大复兴的壮阔征程，体现了鲜明的辩证唯物主义的历史主体观。

---

① 《习近平关于实现中华民族伟大复兴的中国梦论述摘编》，中央文献出版社2013年版，第46页。

坚持一切为了人民、一切依靠人民的历史主体观，不仅助推了中国式现代化的伟大实践走向胜利，也必将助推全面建成社会主义现代化强国和实现中华民族伟大复兴的历史进程。这种唯物史观的历史主体论体现了中国特色社会主义的本质属性，是中国特色社会主义重要哲学内蕴。

第四章

坚定历史自信，增强历史主动

中国式现代化是我们党领导全国各族人民在长期探索和实践中历经千辛万苦、付出巨大代价取得的重大成果。习近平总书记指出："在新的伟大征程上，必须坚定历史自信、增强历史主动，以中共二十大精神为指导，以中国式现代化推进中华民族伟大复兴，为实现第二个百年奋斗目标团结奋斗，为人类和平与发展的崇高事业作出新的更大贡献。"①我们既要看到西方现代化对世界历史发展的深刻影响，更要看到发展中国家现代化的不断推进对世界历史发展的重大意义。我们必须倍加珍惜、始终坚持，坚定历史自信，增强历史主动，不断拓展和深化。

一、坚定历史自信

（一）从人类社会发展史坚定对中国式现代化的历史自信

人类社会发展是一个漫长的历史过程，包括纵向发展与横向发展两个方面。从纵向上看，马克思、恩格斯根据经济基础特别是生产关系的不同性质，将人类社会历史分为原始社会、奴隶社会、封建社会、资本主义社会、共产主义社会。这五种社会形态构成了人类社会由低级向高级发展的纵向序列。从横向上看，各地区、各部族、各民族、各国家在其发展初期大都处于封闭状态，后来由于生产力的发展、商品的增加而开始对外开放交流，由彼此分散而逐步联系起来。横向发展开始发生在相邻地区、相邻国家之间，继而扩大到相邻洲之间，最后发展为具有全球意义

---

① 《习近平同越共中央总书记阮富仲举行会谈》，《人民日报》2022年11月1日。

的"世界历史"。

工业革命最早源于西欧,世界范围内的现代化进程也始自西欧。一个时期以来,很多人对人类社会发展史关注较多的是人类社会的横向发展,尤其关注西欧资本主义生产方式的全球扩张使得地区历史转变为世界历史的现象。一些人甚至误以为这是人类社会发展的普遍规律和必然趋势。这种误解造成一些人把现代化等同于西方化,进而在政治、经济、文化发展方面都以西方为标准,形成了所谓"西方中心论""现代化=西方化"的迷思。对此,我们要坚持辩证唯物主义和历史唯物主义,始终保持清醒认识。

首先,马克思主义认为,人类历史由低级社会形态向高级社会形态发展的总趋势是不变的,同时不同地区、不同民族、不同国家的具体发展阶段又有具体情况的不同。马克思指出:"不同的共同体在各自的自然环境中,找到不同的生产资料和不同的生活资料。因此,它们的生产方式、生活方式和产品,也就各不相同。"[1]恩格斯指出:"必须详细研究各种社会形态存在的条件,然后设法从这些条件中找出相应的政治、私法、美学、哲学、宗教等等的观点。"[2]从人类社会发展史看,人类社会的横向发展会影响某些地区的纵向发展,这也是为什么西方现代化不仅仅局限于其诞生地西欧而向全球扩张的原因,但人类社会的纵向发展与横向发展存在着互为制约的辩证关系,不能以横向发展否定纵向发展,不能认为其他国家和地区可以脱离自己的国情而完全西方化。西方发达国家的现代化,也是基于自身国情纵向发展的结果,并在一定程度上从横向发展上影响其他国家和地区,但西方

---

[1]《马克思恩格斯全集》第42卷,人民出版社2016年版,第361页。
[2]《马克思恩格斯选集》第4卷,人民出版社1995年版,第692页。

现代化对于人类社会而言是特殊性而不是普遍性，发展中国家无法成为西方发达国家的翻版。

其次，从世界历史的变迁来看，"东升西降"之势愈加明显，发展中国家各具特色的现代化事业正在汇入人类现代化洪流之中。世界现代化的发展历程告诉我们，虽然西方现代化开始兴起时曾经横向影响全世界，但随着欧洲30年战争后的威斯特伐利亚体系①、第一次世界大战后的凡尔赛—华盛顿体系、第二次世界大战后的雅尔塔体系相继瓦解，西方现代化的生产方式及社会制度越来越显示出历史暂时性，世界经济的重心逐步由西向东转移。第二次世界大战后，日本、韩国、新加坡等经济体快速发展起来，中国、印度等发展势头迅猛，中国2010年已成为世界第二大经济体。当前，国际力量对比正在发生前所未有的积极变化，新兴市场国家和发展中国家群体性崛起正在改变全球政治经济版图，影响着世界现代化的发展进程。世界历史的发展，不再是西方发达国家单方面的作用，而是众多国家在自身纵向发展中不断走向现代化，继而共同产生横向影响的结果。

我们要坚持马克思主义所揭示的人类社会发展规律，要看到西方现代化对世界历史发展的深刻影响，更要看到发展中国家现代化的不断推进对世界历史发展的重大意义。中国式现代化有各国现代化的共同特征，更有基于自己国情的中国特色，我们对中国式现代化有着坚定的历史自信。

---

① 威斯特伐利亚体系（Westphalian System）系欧洲30年战争结束后签订的一系列和约，签约方为西班牙、奥地利和神圣罗马帝国的哈布斯堡王室和法国、瑞典以及神圣罗马帝国境内的勃兰登堡、巴伐利亚等诸侯邦国。

（二）从中华文明发展史坚定对中国式现代化的历史自信

马克思指出："人们自己创造自己的历史，但是他们并不是随心所欲地创造，并不是在他们自己选定的条件下创造，而是在直接碰到的、既定的、从过去承继下来的条件下创造。"①习近平总书记强调："中国式现代化，深深植根于中华优秀传统文化。"②中国式现代化所蕴含的中国特色，源于中华文明发展史。中华文明是人类历史上唯一一个绵延5000多年至今未曾中断的灿烂文明，有着独特的起源形成发展的历史脉络、优秀传统文化等。这决定了中国实现现代化不可能走西方现代化道路，我们必须坚定历史自信、增强历史主动，坚定不移走中国式现代化道路。

中国具有百万年的人类史、一万年的文化史、五千多年的文明史。从文明的起源看，与其他古文明大都是由一个点起源，然后沿河流单线发展不同，中华文明是在多区域多点同时并起，黄河流域、长江流域、长城以北等有多个文明区。

早在一万年前，中国已由旧石器时代进入新石器时代，食物的采集者发展为食物的生产者、动物的狩猎者发展为动物的畜养者，开启了北方以黄河流域与西辽河流域为核心的旱地粟作农业区，南方以长江流域与湘江流域、赣江流域、钱塘江流域等为核心的水田稻作农业区，以及这些区域内的畜牧生产。在漫长的历史发展进程中，农牧生产就在如此广阔的区域内长期绵延发展。在这种农牧生产基础上所形成的政治、文化等，很大程度上决定着中华文明的形态和特质。

---

① 《马克思恩格斯选集》第1卷，人民出版社1995年版，第585页。
② 《习近平在学习贯彻党的二十大精神研讨班开班式上发表重要讲话强调　正确理解和大力推进中国式现代化》，《人民日报》2023年2月8日。

到了距今4000年左右,出现了周边文明区向中原文明区汇聚的趋势,出现了夏商周三代以中原华夏文化为核心的"多元一体"早期文明发展格局。再经过春秋战国时期的转化创新,形成了秦汉以后直至明清的文明发展格局。这一起源和发展历程决定了中华文明的许多特质。

中华优秀传统文化源远流长、博大精深,是中华文明的智慧结晶,深刻影响着中国对现代化道路的选择。在中国式现代化的中国特色中,我们能清晰看到中华优秀传统文化的创造性转化、创新性发展。比如,从中华优秀传统文化的"以民为本"到中国式现代化是全体人民共同富裕的现代化,从中华优秀传统文化的"天人合一"到中国式现代化是人与自然和谐共生的现代化,从中华优秀传统文化的"天下大同"到中国式现代化是走和平发展道路的现代化,等等。此外,中华优秀传统文化中"自强不息"的奋斗精神、"家国一体"的爱国精神等,也都成为以中国式现代化全面推进中华民族伟大复兴的精神文化资源。

在漫长的历史进程中,中华民族以自强不息的决心和意志,筚路蓝缕,跋山涉水,走过了不同于世界其他文明体的发展历程。中华文明的深厚历史底蕴,是我们推进和拓展中国式现代化的根基。我们要有大历史观,从中华文明5000多年发展史来深刻理解中国的过去、现在、未来,不断深化对中国式现代化的认识,坚定历史自信。

(三)中国式现代化为人类实现现代化提供了新的选择

马克思指出:"凡是民族作为民族所做的事情,都是他们为人类社会而做的事情。"[①]习近平总书记指出:"我们将始终把自身命

---

① 《马克思恩格斯全集》第42卷,人民出版社2016年版,第257页。

运同各国人民的命运紧紧联系在一起，努力以中国式现代化新成就为世界发展提供新机遇，为人类对现代化道路的探索提供新助力，为人类社会现代化理论和实践创新作出新贡献。"①当前，世界之变、时代之变、历史之变正以前所未有的方式展开，世界又一次站在历史的十字路口。中国式现代化为人类实现现代化提供了新的选择，我们要坚定历史自信，努力为解决人类面临的共同问题提供更多更好的中国智慧、中国方案、中国力量，为人类和平与发展崇高事业作出新的更大的贡献。

中国式现代化展现了不同于西方现代化模式的新图景。从发展模式看，西方发达国家是一个"串联式"的发展过程，按工业化、城镇化、农业现代化、信息化顺序发展；中国式现代化走的是工业化、信息化、城镇化、农业现代化叠加发展的"并联式"路子。从发展内涵看，西方现代化是以资本为中心的现代化、两极分化的现代化、物质膨胀的现代化、对外扩张掠夺的现代化，而中国式现代化是人口规模巨大的现代化、全体人民共同富裕的现代化、物质文明和精神文明相协调的现代化、人与自然和谐共生的现代化、走和平发展道路的现代化。中国式现代化展现了现代化的另一幅图景，拓展了发展中国家走向现代化的路径选择。

中国式现代化蕴含的独特世界观、价值观、历史观、文明观、民主观、生态观等及其伟大实践是对世界现代化理论和实践的重大创新。中华文明有自己的形态和特质，在漫长的历史进程中持续演进发展。随着中华优秀传统文化不断创造性转化、创新性发展，中华优秀传统文化中蕴含的天下为公、民为邦本、为政以德、革故鼎新、任人唯贤、天人合一、自强不息、厚德载物、

---

① 习近平：《携手同行现代化之路——在中国共产党与世界政党高层对话会上的主旨讲话》，《人民日报》2023年3月16日。

讲信修睦、亲仁善邻等，既为中国式现代化提供了充沛的文化养分和深厚的历史底蕴，也为人类对更好社会制度的探索提供了中国智慧，能够极大推动世界现代化理论和实践创新。

中国式现代化为广大发展中国家独立自主迈向现代化树立了典范。随着资本主义生产方式的全球扩张，世界上越来越多的国家被纳入西方主导的世界历史进程。中国式现代化立足中国国情，自立自强，走出一条不同于西方的中国道路，给世界上那些既希望加快发展又希望保持自身独立性的国家和民族提供了全新选择，为世界各国共同绘就百花齐放的人类社会现代化新图景作出重大贡献。

二、弘扬历史主动精神

（一）拥有马克思主义科学理论指导

一个民族要走在时代前列，就一刻不能没有理论思维，就一刻不能没有正确思想指引。习近平总书记在党的二十大报告中强调："拥有马克思主义科学理论指导是我们党坚定信仰信念、把握历史主动的根本所在。"[1]马克思主义及其在中国的发展，为党和人民事业发展提供了既一脉相承又与时俱进的科学理论指导。学习马克思主义基本理论是共产党人的必修课，要用马克思主义和马克思主义中国化时代化最新成果武装头脑、指导实践，始终坚守信仰、坚定信念，进一步增强历史自信、把握历史主动。

---

[1] 习近平：《高举中国特色社会主义伟大旗帜　为全面建设社会主义现代化国家而团结奋斗——在中国共产党第二十次全国代表大会上的报告》，《人民日报》2022年10月26日。

一个国家实行什么样的主义，关键要看这个主义能否解决这个国家面临的历史性课题。马克思主义为人类社会发展进步指明了方向，是我们认识世界、把握规律、追求真理、改造世界的强大思想武器。中国共产党人是马克思主义的忠诚信奉者和坚定实践者。思想建党、理论强党，是我们党的鲜明特色和光荣传统。从诞生之日起，我们党就把马克思主义写在自己的旗帜上，作为立党立国、兴党兴国的根本指导思想。马克思主义之所以行，就在于党不断推进马克思主义中国化时代化并用以指导实践。

马克思主义能不能在实践中发挥作用，关键在于能否把马克思主义基本原理同中国具体实际和时代特征结合起来。我们党之所以能够领导人民在一次次求索、一次次挫折、一次次开拓中完成其他各种政治力量不可能完成的历史任务，根本在于坚持把马克思主义基本原理同中国具体实际相结合，同中华优秀传统文化相结合，坚持运用辩证唯物主义和历史唯物主义，不断推进马克思主义中国化时代化。党的百年奋斗历程，充分展示了马克思主义的强大生命力，马克思主义的科学性和真理性在中国得到充分检验，马克思主义的人民性和实践性在中国得到充分贯彻，马克思主义的开放性和时代性在中国得到充分彰显。马克思主义深刻改变了中国，中国也极大丰富和发展了马克思主义。社会主义没有辜负中国，中国也没有辜负社会主义。

掌握历史主动是唯物史观的内在要求，中国共产党掌握历史主动有着深刻的思想基础，这就是始终坚持马克思主义基本原理，在遵循历史规律的基础上把握历史大势。从登上中国政治舞台的那一刻起，我们党不管形势和任务如何变化，不管遇到什么样的惊涛骇浪，都始终坚持马克思主义立场观点方法，始终把握历史主动、锚定奋斗目标，沿着正确方向勇毅前行，信心百倍从胜利走向新的胜利。

当前，世界百年未有之大变局加速演进，人类又一次站在历史的十字路口。党的二十大报告指出："从现在起，中国共产党的中心任务就是团结带领全国各族人民全面建成社会主义现代化强国、实现第二个百年奋斗目标，以中国式现代化全面推进中华民族伟大复兴。"①形势越是纷繁复杂、任务越是艰巨繁重，越是需要坚强有力的领导和科学理论的指引。继续推进马克思主义中国化时代化，领航中国号巨轮破浪前行，是当代中国共产党人的历史责任和使命担当。在百年奋斗历程中，我们党向人民、向历史交出了一份优异的答卷。现在，我们党团结带领人民又踏上了实现第二个百年奋斗目标新的赶考之路，接过历史接力棒，继续跑出好成绩，必须把坚持马克思主义和发展马克思主义统一起来，始终保持马克思主义的蓬勃生机和旺盛活力，不断筑牢信仰之基、补足精神之钙、把稳思想之舵，牢牢掌握新时代新征程党和国家事业发展的历史主动，为实现党的二十大提出的重大战略部署和目标任务奠定坚实的思想基础，为在新征程上战胜一切艰难险阻、应对一切不确定性提供最大底气和最大保证。

（二）全面准确把握中国式现代化的本质要求和重大原则

习近平总书记在党的二十大报告中指出，"中国式现代化的本质要求是：坚持中国共产党领导，坚持中国特色社会主义，实现高质量发展，发展全过程人民民主，丰富人民精神世界，实现全体人民共同富裕，促进人与自然和谐共生，推动构建人类命运

---

① 习近平：《高举中国特色社会主义伟大旗帜　为全面建设社会主义现代化国家而团结奋斗——在中国共产党第二十次全国代表大会上的报告》，《人民日报》2022年10月26日。

共同体，创造人类文明新形态。"①这一关于中国式现代化的创新性论述，既阐明了中国式现代化与西方主要资本主义国家现代化的内在差异，也是对中国在实现现代化过程中必须始终遵循的基本逻辑和努力达到奋斗目标的系统诠释，为深刻认识中国式现代化提供了根本遵循。

一是坚持和加强党的全面领导是中国式现代化的根本保证。中国共产党是团结带领全国各族人民全面建设社会主义现代化国家的坚强领导核心。正是在中国共产党领导下，中国人民取得了新民主主义革命伟大成就、社会主义革命和建设伟大成就、改革开放和社会主义现代化建设伟大成就、中国特色社会主义新时代伟大成就，从而创造了中国式现代化道路，推进了中国式现代化实践，用几十年时间走完了西方发达国家几百年走过的工业化历程，使中华民族迎来了从站起来、富起来到强起来的伟大飞跃。历史和现实都证明：没有中国共产党的领导，就不可能有中国式现代化的开创、推进和拓展，就不可能全面建成社会主义现代化强国；党的领导是中国式现代化的根本政治保证，只有坚持中国共产党领导，中国式现代化才能走向光明未来。这是中国人民从长期奋斗中得出的结论。

中国共产党领导为中国式现代化提供了强大的政治优势。首先，为中国式现代化提供科学思想指引。马克思主义科学理论指导是中国共产党鲜明的政治品格和强大的政治优势。中国共产党为什么能，中国特色社会主义为什么好，归根到底是马克思主义行，是中国化时代化的马克思主义行。习近平新时代中国特色社会主义思想是当代中国马克思主义、二十一世纪马克思主义，是

---

① 习近平：《高举中国特色社会主义伟大旗帜　为全面建设社会主义现代化国家而团结奋斗——在中国共产党第二十次全国代表大会上的报告》，《人民日报》2022年10月26日。

中华文化和中国精神的时代精华，它科学回答了中国之问、世界之问、时代之问、人民之问，为实现中国式现代化提供了强大的理论武器和科学的行动指南。其次，为中国式现代化提供正确方向指引。坚持中国共产党领导能够确保中国式现代化既不走封闭僵化的老路也不走改旗易帜的邪路，而是坚定不移走中国特色社会主义道路，确保中国式现代化这艘大船能在惊涛巨浪中始终保持正确方向乘风破浪前行。再次，为中国式现代化提供强大力量源泉。一方面，中国共产党有着强大的组织优势，能够通过严密的组织体系和有效的组织工作将全社会的优秀人才吸纳进党内、团结在党周围，为社会主义现代化建设源源不断地注入有生力量；另一方面，中国共产党坚持人民至上，使得中国式现代化能够最大限度地团结一切可以团结的力量，从而为全面建设社会主义现代化国家凝聚磅礴力量。

以中国式现代化全面推进中华民族伟大复兴，必须坚持和加强党的全面领导。首先，坚持和加强党中央权威和集中统一领导。党的十八大以来发生的历史性变革、取得的历史性成就，根本在于党确立习近平同志党中央的核心、全党的核心地位，确立习近平新时代中国特色社会主义思想的指导地位。要深刻领悟"两个确立"的决定性意义，确保全党在政治立场、政治方向、政治原则、政治道路上同党中央保持高度一致。加强党中央对重大工作的集中统一领导，完善党中央重大决策部署落实机制，充分调动各方面积极性，确保各地各部门把党中央大政方针转化为切实可行的目标任务和工作举措。其次，确保党发挥总揽全局、协调各方作用。要提高党把方向、谋大局、定政策、促改革能力，不断健全总揽全局、协调各方的党的领导制度体系，确保把党的领导落实到统筹推进"五位一体"总体布局、协调推进"四个全面"战略布局各方面，落实到社会主义现代化事业各领域各环节之中，使中国式现代化始终朝着正确方向发展。最后，以自我革命精神健全全面从严治党体系。坚持和加强党的全面领导，要求党敢于刀刃向内，勇于自我革命，不断增强党的自我净化、自我完善、自我革新、自我提高能力，确保党始终成为中国特色社会主义事业的坚强领导核心。

二是坚持中国特色社会主义道路是中国式现代化的旗帜引领。中国特色社会主义是改革开放以来党的全部理论和实践的主题，从理论和实践结合上回答了在我国这样一个具有5000多年文明的东方大国，"实现什么样的现代化、怎样实现现代化"这个重大问题。党的十八大以来，中国特色社会主义进入新时代，意味着中国特色社会主义道路、理论、制度、文化不断发展，拓展了发展中国家走向现代化的途径，给世界上那些既希望加快发展又希望保持自身独立性的国家和民族提供了全新选择，为解决人类问题贡献了中国智慧和中国方案。

坚持中国特色社会主义为中国式现代化提供了显著优势。中国特色社会主义道路既坚持以经济建设为中心，又坚持四项基本原则、坚持改革开放，既追求全面发展，又注重协调发展，既促进人的全面发展，又实现全体人民共同富裕，既发展自身，又造福世界，是以中国式现代化全面推进中华民族伟大复兴的唯一正确道路。习近平总书记指出："中国特色社会主义道路，是实现我国社会主义现代化的必由之路，是创造人民美好生活的必由之路。"[①]这条道路符合中国实际、反映中国人民意愿、适应时代发展要求，不仅走得对、走得通，而且也一定能够走得稳、走得好。只有这条道路而没有别的道路，能够引领中国进步、增进人

[①]《习近平谈治国理政》第1卷，外文出版社2014年版，第9页。

民福祉、实现民族复兴。中国特色社会主义理论体系是指导党和人民实现中华民族伟大复兴的正确理论，是立于时代前沿、与时俱进的科学理论。这一理论体系深深扎根于中国大地，贯穿着辩证唯物主义和历史唯物主义的世界观方法论，既坚持科学社会主义基本原则，又具有鲜明的实践特色、民族特色和时代特色，既为坚持和发展中国特色社会主义提供了根本理论指导和强大精神力量，又为世界贡献了独具魅力的思想理论成果，具有无可比拟的理论优势。中国特色社会主义制度是当代中国发展进步的根本制度保障，是具有鲜明中国特色、明显制度优势、强大自我完善能力的先进制度，能为中国式现代化提供根本制度保障。文化是一个民族、一个国家生存和发展的精神根基。中国特色社会主义文化积淀着中华民族最深沉的精神追求，代表着中华民族独特的精神标识，为推进中国式现代化提供强大精神力量。

以中国式现代化全面推进中华民族伟大复兴，必须坚持中国特色社会主义，坚定道路自信、理论自信、制度自信、文化自信。始终保持头脑清醒，坚持以经济建设为中心，坚持四项基本原则，坚持改革开放，坚持独立自主、自力更生，坚持道不变、志不改，不为任何风险所惧，不为任何干扰所惑，毫不动摇沿着这条通往复兴梦想的人间正道奋勇前进。始终坚定对党的基本理论特别是习近平新时代中国特色社会主义思想的高度自信，以科学理论引领伟大实践，不断推动中国特色社会主义事业新发展。坚持好、巩固好、完善好我国国家制度和国家治理体系，不断把制度优势更好转化为治理效能。坚持马克思主义在意识形态领域指导地位的根本制度，以社会主义核心价值观为引领，发展社会主义先进文化，弘扬革命文化，传承中华优秀传统文化，不断激发全民族文化创造活力，更好构筑中国精神、中国价值、中国力量。

三是坚持以人民为中心的发展思想是中国式现代化的根本立场。立场问题是现代化建设中方向性、原则性、根本性的重大问题，一个国家和民族的现代化站在谁的立场就决定了它代表谁的利益、体现谁的意志、维护谁的权利。习近平总书记指出："人民性是马克思主义的本质属性。"人民立场是马克思主义的根本立场。作为以马克思主义为根本指导思想、以中国共产党为核心领导力量的现代化，中国式现代化必然以人民性为鲜明品格和显著标识，闪耀着马克思主义人民观的真理光芒，根本上是坚持人民至上、坚守人民立场、尊重人民主体地位的现代化。

以人民为中心的中国式现代化是发展为了人民的现代化。为了谁，是检验现代化性质的"试金石"，也是区分现代化宗旨的"分水岭"。发轫于资本主义生产方式的现代化在推动西方国家实现文明转型的同时，也决定了西方现代化在各个领域必然秉持资本立场、遵循资本逻辑，虽然伪装出"普遍利益"的外表，但实质不外是资产阶级而不是广大人民群众的现代化。习近平总书记指出："现代化的本质是人的现代化。"中国式现代化在发展任务上以为人民服务为第一职责，在发展内容上以人民需要为第一选择，在发展标准上以人民满意为第一标准，在发展归宿上以人民福祉为第一目标，在发展过程上以全过程人民民主为根本路径。它立足人民根本利益，实现了现代性与人民性的内在统一，使现代化服务于人民，不断为人民谋幸福，满足人民对美好生活的向往，增强人民的获得感、幸福感、安全感。这不但与披着华丽"人民"外衣而实质上却为统治阶级服务的西方现代化形成鲜明对照，而且是对从虚假的"物的现代化"走向真正的"人的现代化"的深邃探索。

以人民为中心的中国式现代化是发展依靠人民的现代化。习近平总书记指出："人民永远是我们最坚实的依托、最强大的底气。"人民是历史的创造者，是推动和决定中国式现代化前进的根本社会力量。中国式现代化是由人民创造的，凝结着创造性回答现代化之问的人民智慧，凝聚着在百年探索历程中开创和开拓现代化之路的人民实践。中国式现代化的根基在人民、力量在人民，因人民而生成存在，也因人民而发展兴盛，全面建设社会主义现代化国家必须充分发挥亿万人民的创造伟力。

　　以人民为中心的中国式现代化是发展成果由人民共享的现代化。习近平总书记指出："共同富裕是社会主义的本质要求，是中国式现代化的重要特征。"[①]中国式现代化从量的规定上是各阶层、各民族、各地区的全体人民从现代化中受益，是一个不能少、一个不能掉队，人人享有、各得其所的现代化；从质的规定上看是包含经济、政治、文化、社会、生态在内的各方面、各领域现代化成果的全面享有，是满足人民多样化、多层次、全方位需求的现代化。它以其现代化成果全民共享和全面共享的鲜明特色，为打破西方现代化下少数人享受大家创造出来的福利的宿命和克服西方现代化物质丰裕却精神贫瘠的内在弊病，提供了中国方案和中国智慧。

　　四是坚持深化改革开放是中国式现代化的活力之源。中国式现代化不是一个自我满足和自我封闭的体系，而是一个在变革和交往中不断发展的体系，必须不断打破本本教条、冲破条条框框，始终保持前进的蓬勃生机和旺盛活力。作为从根本上改变束缚生产力发展和社会进步的各种具体制度的伟大实践，改革开放是中国式现代化的鲜明标识，更是中国式现代化的活力之源。只

---

① 习近平：《扎实推动共同富裕》，《求是》2021年第20期。

有坚持改革开放，中国式现代化发展才能有强大动力，全面建成社会主义现代化强国的任务才能顺利实现。

坚持改革开放是中国式现代化取得历史性成就的必然结论。中国式现代化与改革开放同频共振、同向共进。从开启和持续推进改革开放到全面深化改革开放，40多年来，改革开放以其对中国的革命性塑造为中国式现代化注入强大生机活力，实现了中国从生产力相对落后到经济总量跃居世界第二、人民生活从温饱不足到总体小康再到全面建成小康社会的历史性跨越，实现了"五位一体"更加全面平衡协调推进，创造了人类减贫史上的奇迹，创造了经济快速发展和社会长期稳定两大奇迹。实践充分证明，改革开放是党和人民大踏步赶上时代的重要法宝，是坚持和发展中国特色社会主义的必由之路，是决定当代中国命运的关键一招，也是决定实现"两个一百年"奋斗目标、实现中华民族伟大复兴的关键一招。没有改革开放，就没有中国式现代化的蓬勃发展，正因为坚持改革开放，廓清了困扰实践发展的思想迷雾，打破了束缚实践发展的体制桎梏，中国式现代化才能不断变革社会关系、解放和发展社会生产力，在伟大觉醒中迎来伟大飞跃。

坚持改革开放是中国式现代化扎实推进的必然要求。习近平总书记指出："推进中国式现代化是一个探索性事业，还有许多未知领域，需要我们在实践中去大胆探索，通过改革创新来推动事业发展。"[1]在看到中国式现代化取得历史性成就的同时，也要认识到在推动高质量发展、共同富裕等诸多领域还存在一系列更深层次、更加系统和更为复杂的难题。只有坚持改革开放，坚定信心、攻坚克难，才能摆脱僵化保守思想观念的束缚，冲破陈旧

---

[1]《习近平在学习贯彻党的二十大精神研讨班开班式上发表重要讲话强调　正确理解和大力推进中国式现代化》，《人民日报》2023年2月8日。

体制机制的藩篱，解决好发展中遇到的困难与挑战。只有坚持改革开放，不断改革不适应生产力要求的生产关系和不适应经济基础的上层建筑，吸收借鉴人类社会创造的一切文明成果和一切符合社会发展规律的现代化有益成果，才能持续增强中国式现代化发展的生机和活力，为发展提供强大动力和坚实支撑。

坚持改革开放是中国式现代化同世界交融互促的必然选择。中国正是在世界历史的进程中立足自身社会现实，通过革命、建设和改革的长期实践，探索"跨越卡夫丁峡谷"，走出了一条体现历史多样性的中国式现代化道路。世界现代化的历史进程是中国式现代化发展的时空场域，各民族国家成为一个整体的历史趋势不可逆转，中国式现代化就是在与各民族国家互联互通、共融共进中不断发展的，既通过引领时代潮流和人类前进方向而深刻影响世界历史进程，也因为各国人民是一个休戚与共的命运共同体而被世界历史进程深刻影响。因此，中国式现代化是世界历史的重要组成部分，在改革和开放的互促中不断发展进步是历史必然，封闭排他只能孤立落后。只有坚持改革开放，利用好国内国际两个市场、两种资源、两类规则，才能更好地把握战略机遇、化解风险挑战，加快中国式现代化建设，不断夺取全面建设社会主义现代化国家新胜利。

五是要从总体布局把握中国式现代化的本质要求。中国式现代化是立体式全方位的现代化。我们要建设的是富强民主文明和谐美丽的社会主义现代化强国，要求统筹物质文明、政治文明、精神文明、社会文明、生态文明协调发展。中国式现代化的本质要求传递着清晰的判断、鲜明的态度、深厚的情怀，突出中国式现代化本身的全面性、系统性、协调性和多维性，明确了中国式现代化的立体目标。

实现高质量发展，发展全过程人民民主，丰富人民精神世界，实现全体人民共同富裕，促进人与自然和谐共生，分别对应"五位一体"总体布局的不同方面，既各自独立又相互联系，相辅相成、相互促进、形成合力，有利于推进社会有机体整体优化并不断向前发展。实现高质量发展是全面建设社会主义现代化国家的首要任务。没有坚实的物质基础，就不可能全面建成社会主义现代化强国。全过程人民民主是社会主义民主政治的本质属性，是最广泛、最真实、最管用的民主。人民民主是社会主义的生命，是全面建设社会主义现代化国家的应有之义。物质富足、精神富有是社会主义现代化的根本要求。物质贫困不是社会主义，精神贫乏也不是社会主义。全面建设社会主义现代化国家，必须不断满足人民群众多样化、多层次、多方面的精神文化需求，丰富人民精神世界。共同富裕是中国式现代化的重要特征，全面建设社会主义现代化国家必然要求实现全体人民共同富裕。尊重自然、顺应自然、保护自然，是全面建设社会主义现代化国家的内在要求。中国式现代化必然要求坚持绿色发展，促进人与自然和谐共生。

以中国式现代化全面推进中华民族伟大复兴，必须进一步推动"五个文明"协调发展、全面提升。坚持以推动高质量发展为主题，把实施扩大内需战略同深化供给侧结构性改革有机结合起来，增强国内大循环内生动力和可靠性，提升国际循环质量和水平，加快建设现代化经济体系，推动经济实现质的有效提升和量的合理增长。坚定不移走中国特色社会主义政治发展道路，发展全过程人民民主，健全人民当家作主制度体系，扩大人民有序政治参与，保证人民依法实行民主选举、民主协商、民主决策、民主管理、民主监督，发挥人民群众积极性、主动性、创造性。建设社会主义文化强国，发展面向现代化、面向世界、面向未来的、民族的、科学的、大众的社会主义文化，不断满足人民日益增长的精神文化需求，丰富人民精神世界。坚持在发展中保障和改善民生，鼓励共同奋斗创造美好生活，不断实现人民对美好生活的向往，扎实推进共同富裕。牢固树立和践行绿水青山就是金山银山的理念，站在人与自然和谐共生的高度谋划发展，促进人与自然和谐共生。

六是中国式现代化是和平发展的现代化。与一些老牌资本主义国家走暴力掠夺殖民地的道路和以其他国家落后为代价的现代化不同，我们强调的是同世界各国互利共赢，推动构建人类命运共同体，共建更加美好的世界。人类命运共同体理念实现了历史使命与时代潮流的高度统一、民族精神与国际主义的高度统一、中国气派与世界情怀的高度统一，闪耀着马克思主义的真理光芒，彰显着推动时代的思想伟力。以中国式现代化全面推进中华民族伟大复兴，必须坚持对话协商，推动建设一个持久和平的世界；坚持共建共享，推动建设一个普遍安全的世界；坚持合作共赢，推动建设一个共同繁荣的世界；坚持交流互鉴，推动建设一个开放包容的世界；坚持绿色低碳，推动建设一个清洁美丽的世界。

中国式现代化以无可争辩的事实证明，现代化不是西方的专利，更不能由资本主义制度垄断，各国完全可以独立自主走出适合自己国情的现代化道路。党领导人民在实践中创造的人类文明新形态，具有鲜明中国气派，同时又吸收了人类创造的一切优秀文明成果，是独具特色又兼收并蓄的文明形态，为世界文明注入了中国智慧。以中国式现代化全面推进中华民族伟大复兴，必须弘扬和平、发展、公平、正义、民主、自由的全人类共同价值，坚持以文明交流超越文明隔阂、以文明互鉴超越文明冲突、以文明共存超越文明优越，努力为解决全球性问题、促进人类文明进步贡献更多更好的中国智慧、中国方案、中国力量，以更加开放的姿态拥抱世界、以更有活力的文明成就贡献世界。①

党的二十大报告指出，"从现在起，中国共产党的中心任务就是团结带领全国各族人民全面建成社会主义现代化强国、实现第二个百年奋斗目标，以中国式现代化全面推进中华民族伟大复兴"，强调前进道路上必须牢牢把握"坚持和加强党的全面领导""坚持中国特色社会主义道路""坚持以人民为中心的发展思想""坚持深化改革开放""坚持发扬斗争精神"的重大原则。②这五条重大原则内涵丰富、逻辑严密、整体有机，是对党和人民长期推进和拓展中国式现代化宝贵经验的集中概括和科学总结，是对中国式现代化内在发展规律的客观揭示和深刻把握，为全面建设社会主义现代化国家提供了根本遵循和实践指引。深刻认识和牢牢把握这五条重大原则，对于在新时代新征程上始终确保中国式现代化沿着正确方向稳步前进，具有十分重要的理论意义和现实意义。

三、坚持发扬斗争精神

（一）中国共产党攻坚克难的制胜法宝

习近平总书记指出："实现中华民族伟大复兴，必须坚持斗

---

① 广东省习近平新时代中国特色社会主义思想研究中心：《牢牢把握中国式现代化的本质要求》，《红旗文稿》2022年第24期。
② 习近平：《高举中国特色社会主义伟大旗帜　为全面建设社会主义现代化国家而团结奋斗——在中国共产党第二十次全国代表大会上的报告》，《人民日报》2022年10月26日。

争精神。中国共产党和中国人民是在斗争中成长和壮大起来的，斗争精神贯穿于中国革命、建设、改革各个时期。"①作为尊重客观规律性与发挥主观能动性相统一的社会意识，斗争精神是马克思主义的精神特质，是中国共产党的精神品格，也是党领导中国式现代化的精神内核。当前，中华民族伟大复兴战略全局与世界百年未有之大变局历史性交汇，中国式现代化发展既面对前所未有的机遇，也面临一系列可以预见和难以预见的风险挑战。推进中国式现代化，必须进行具有许多新的历史特点的伟大斗争，以斗争精神有效应对前进中的各种复杂变化和矛盾阻力。

中国共产党斗争精神形成和发展于党一百多年的奋斗历程中，是贯穿党一百多年奋斗史的一根红线。我们党自成立之日起就确立了为中国人民谋幸福、为中华民族谋复兴的斗争目标。为了党和人民的事业，我们党总是知重负重、苦干实干、不怕牺牲、百折不挠。

新民主主义革命时期，党毅然肩负起民族独立、人民解放的历史重任，同国内外敌人作殊死斗争，流血牺牲之惨烈世所罕见。毛泽东明确提出，建立新民主主义国家需要依靠"斗争"，同样，未来实现工业化和农业化也需要依靠"斗争"，"斗争，失败，再斗争，再失败，再斗争，直至胜利……这是马克思主义的又一条定律"②。从投身大革命洪流到掀起土地革命风暴，从全民族抗战的中流砥柱到解放战争中打败800多万国民党军队，党领导人民历经28年浴血奋战，付出巨大牺牲，赢得了反帝反封建斗争的伟大胜利。

新中国成立后，党面临多种严峻复杂的考验，领导人民迎难

---

① 《十九大以来重要文献选编》中卷，中央文献出版社2021年版，第676页。
② 《毛泽东选集》第4卷，人民出版社1991年版，第1487页。

而上、坚决斗争，推进了社会主义革命和建设事业。1950年，党以"打得一拳开，免得百拳来"的战略远见和"不惜国内打烂了重新建设"的英雄气概，作出抗美援朝、保家卫国的重大决策，最终取得伟大胜利，捍卫了新中国安全。从恢复国民经济、稳定新中国局面到确立社会主义基本制度，从白手起家建设社会主义到开创改革开放和社会主义现代化新道路，中国共产党以英勇顽强的斗争精神，为中华民族伟大复兴奠定了坚实基础。

党的十一届三中全会作出了改革开放的伟大决策，实现了党的历史的伟大转折。以邓小平同志为主要代表的中国共产党人以极大的政治勇气，破除"两个凡是"的错误方针，领导全面开展拨乱反正、大规模平反冤假错案，极大地解放了束缚社会主义现代化事业发展的僵化观念和体制机制；同时，在国际上，面对当时很多国家纷纷采取西方现代化道路的现实，我们党坚持从中国国情出发，不仅在理论上明确提出了"中国式的现代化"概念，而且还在实践中旗帜鲜明地反对霸权主义和强权政治，从而有力抵制了西方现代化浪潮的侵蚀，维护了中国式现代化的独立自主性。这一时期，西方资本主义国家借助新一轮科技革命，使资本主义生产力迅速发展。相反，苏联等社会主义国家由于缺乏与时俱进的斗争精神而陷入危机。20世纪80年代末90年代初，苏联和东欧社会主义国家动荡加剧，世界社会主义事业遭遇了前所未有的严重挫折，一些共产党组织放弃斗争，或改旗易帜，或分裂解散，或改变政党性质。而中国共产党始终高举马克思主义伟大旗帜，同各种困难和危机作斗争，坚定不移推进改革开放，探索出中国特色社会主义发展道路，让中国特色社会主义的伟大旗帜在世界东方高高飘扬。邓小平指出，只要中国社会主义不倒，社会主义在世界将始终站得住。

党的十八大以来，在以习近平同志为核心的党中央领导下，进行了具有许多新的历史特点的伟大斗争，推进史无前例的反腐败斗争取得压倒性胜利、脱贫攻坚取得全面胜利、抗击新冠疫情取得决定性胜利，中国式现代化取得了巨大成就，以中国式现代化全面推进的中华民族伟大复兴呈现出前所未有的光明前景。当前世界百年未有之大变局加速演进，世界之变、时代之变、历史之变正在以前所未有的方式展开。从国际上看，随着中国综合国力的不断跃升，美国遏华阻华的战略意图昭然若揭，它们更加肆无忌惮地对我国进行全领域打压、全球性围堵，用渗透、制裁、断供、脱钩、抹黑等各种手段打压我们，利用互联网对我国进行意识形态渗透，企图打断中国式现代化的发展进程。新时代发扬斗争精神，就是要总结好、运用好党积累的斗争经验，增强斗争本领，推动中国特色社会主义事业不断胜利前进。

　　中国共产党斗争精神的形成与发展，既得益于世界社会主义发展史的历史镜鉴，也有益于世界社会主义的蓬勃发展。习近平总书记指出："今天遇到的很多事情都可以在历史上找到影子，历史上发生过的很多事情也都可以作为今天的镜鉴。"[①]世界社会主义在500多年的发展进程中，积累了丰富的斗争经验，既有升平之世社会进步的成功经验，也有衰乱之世社会动荡的惨痛教训。

　　斗争精神是推进中国式现代化的精神底色。习近平总书记指出："党和人民取得的一切成就，不是天上掉下来的，不是别人恩赐的，而是通过不断斗争取得的。"[②]在一定意义上，中国式现

---

① 习近平：《牢记历史经验历史教训历史警示　为国家治理能力现代化提供有益借鉴》，《人民日报》2014年10月14日。
② 《中共中央关于党的百年奋斗重大成就和历史经验的决议》，《人民日报》2021年11月17日。

代化的发展史就是一部斗争史，斗争贯穿于中国式现代化开创、捍卫、坚持和发展的整个过程，也正是在斗争中，中国式现代化获得了生成和发展所必需的经济、政治、社会、制度等条件。中华民族从站起来、富起来到强起来的历史性成就，体现了党领导中国式现代化过程中构筑的包括伟大建党精神、改革开放精神、脱贫攻坚精神、丝路精神等在内的中国共产党人精神谱系。历史充分证明，斗争精神是中华民族精神家园的精神底色和象征符号，是党与生俱来的精神基因和鲜亮标识，彰显着中国式现代化保持旺盛生机和持久生命力的关键所在，为推进和拓展中国式现代化提供强大正能量。

斗争精神是推进中国式现代化的精神姿态。习近平总书记指出："我们面临的风险考验只会越来越复杂，甚至会遇到难以想象的惊涛骇浪。我们面临的各种斗争不是短期的而是长期的，将伴随实现第二个百年奋斗目标全过程。"[1]这就要求必须坚持斗争精神，只有迎难而上、攻坚克难，才能在破解发展困境中求得生路和出路，不断开辟中国式现代化的新境界。

斗争精神是推进中国式现代化的精神力量。越是伟大的事业，越需要伟大斗争。同困难作斗争，是物质的角力，也是精神的对垒，在推进中国式现代化进程中不断化解风险、克服阻力、解决问题，就必须充分发挥更为主动的精神力量，增强斗争本领，敢于斗争、善于斗争，形成在党的领导下全体人民砥砺奋进的强大合力，为战胜前进道路上的各种艰难险阻注入强大力量。唯有如此，才能在全面建设社会主义现代化国家的新征程上，创造无愧于时代、无愧于历史、无愧于人民的新的伟业。

---

[1] 习近平：《以史为鉴、开创未来　埋头苦干、勇毅前行》，《求是》2022年第1期。

（二）战胜前进道路上的各种困难和挑战

习近平总书记指出，推进中国式现代化，是一项前无古人的开创性事业，必然会遇到各种可以预料和难以预料的风险挑战、艰难险阻甚至惊涛骇浪。面对国际形势的深刻复杂变化和接踵而至的外部风险挑战，我们必须做到沉着冷静、保持定力，稳中求进、积极作为，团结一致、敢于斗争，通过顽强斗争打开事业发展新天地。

保持战略清醒，对各种外部风险挑战做到胸中有数。当前，世界百年未有之大变局加速演进，世纪疫情影响深远，逆全球化思潮抬头，单边主义、保护主义明显上升，世界经济复苏乏力，乌克兰危机延宕升级，世界变乱交织。我国发展进入战略机遇和风险挑战并存、不确定难预料因素增多的时期，各种"黑天鹅""灰犀牛"事件随时可能发生，需要应对的风险挑战、防范化解的矛盾问题比以往更加严峻复杂。尤其是以美国为首的西方国家对我国实施全方位的遏制、围堵、打压，给我国发展带来前所未有的严峻挑战。在推进中国式现代化的道路上，我们必须冷静观察国际局势的深刻演变，发扬斗争精神，丢掉一切幻想，增强忧患意识，把牢底线红线，时刻保持箭在弦上的备战姿态，主动防范化解、沉着有效应对各种外部风险挑战。

保持战略自信，增强坚决开展外交斗争的底气。底气来自哪里？来自我国越来越厚实的家底，更来自坚定的理想信念、执着的真理追求、对党的初心使命的始终坚守。党的十八大以来，在以习近平同志为核心的党中央坚强领导下，党和国家事业取得历史性成就、发生历史性变革。我们始终高举人类命运共同体旗帜，坚持经济全球化正确方向，秉持真正的多边主义，走的是人间正道，干的是正义事业，引领时代潮流和人类前进方向。个别大国企图从所谓"实力地位"出发，大搞霸权主义、强权政治，强推"脱钩""筑墙"和意识形态划线，这种霸权霸道霸凌行径违背潮流、外强中干、不得人心、失道寡助，必然走向失败。我们要深入学习领会习近平总书记和党中央对国际形势的分析判断，准确把握世界百年变局的大趋势大方向，深刻认识"时与势在我们一边"，始终坚定以中国式现代化全面推进中华民族伟大复兴的必胜信念。

保持战略主动，增强防风险、迎挑战、攻难关的斗争本领。习近平总书记强调，领导干部要有"草摇叶响知鹿过，松风一起知虎来，一叶易色而知天下秋"的见微知著能力；要注重策略方法，坚持有理有利有节，在原则问题上寸步不让，在策略问题上灵活机动。新形势新任务对我们的斗争精神和斗争本领提出了新的更高要求，需要我们在纷繁复杂的世界乱象中抓住本质、把握主流，在瞬息万变的国际形势中开创新局、化危为机，在纵横捭阖的涉外斗争中下先手棋、打主动仗，不断化被动为主动，积小胜为大胜。要深刻领悟推进中国式现代化的任务艰巨性，全面增强履职尽责所必需的各方面本领，逢山开路、遇水架桥，敢于善于进行具有许多新的历史特点的伟大斗争，在斗争中争取团结，在斗争中谋求合作，在斗争中争取共赢，牢牢把握推进中国式现代化的战略主动。

第五章

以中国式现代化全面推进中华民族伟大复兴

实现中华民族伟大复兴，道路是最根本的问题。历史条件的多样性，决定了各国选择发展道路的多样性。一个国家走向现代化，既要遵循现代化一般规律，更要符合本国实际，具有本国特色。走自己的路，是中国共产党的全部理论和实践立足点。中国式现代化走得通、行得稳，是强国建设、民族复兴的唯一正确道路。

一、强国建设、民族复兴的唯一正确道路

（一）中华民族伟大复兴进入了不可逆转的历史进程

实现中华民族伟大复兴是中华民族近代以来最伟大的梦想，凝聚起中华民族不屈不挠、生生不息的精神力量，体现了中华民族和中国人民的整体利益和共同意志，彰显着中华文明发展进步的前进动力和历史主动精神。中国共产党自诞生之日起，就把为中国人民谋幸福、为中华民族谋复兴确立为自己的初心使命，形成、传承和弘扬伟大建党精神，在推进马克思主义中国化时代化中探索、开辟和拓展实现中华民族伟大复兴的正确道路。中国特色社会主义是实现中华民族伟大复兴的必由之路。

党的十八大以来，中国特色社会主义进入了新时代。2012年11月29日，习近平总书记在国家博物馆参观《复兴之路》基本陈列时，回顾近代以来中国人民为实现民族复兴走过的历史进程，指出中华民族的昨天"雄关漫道真如铁"、中华民族的今天"人间正道是沧桑"、中华民族的明天"长风破浪会有时"，强调现在我们比历史上任何时期都更接近中华民族伟大复兴的目标，

比历史上任何时期都更有信心、有能力实现这个目标。

实现中华民族伟大复兴，必须走中国特色社会主义道路，弘扬以爱国主义为核心的民族精神和以改革创新为核心的时代精神，凝聚中国各族人民大团结的力量。中国特色社会主义进入新时代，我国社会主要矛盾已经转化为人民日益增长的美好生活需要和不平衡不充分的发展之间的矛盾。我国发展的这一新的历史方位，意味着近代以来久经磨难的中华民族迎来了从站起来、富起来到强起来的伟大飞跃，迎来了实现中华民族伟大复兴的光明前景，为实现中华民族伟大复兴提供了更为完善的制度保证、更为坚实的物质基础、更为主动的精神力量，实现中华民族伟大复兴进入了不可逆转的历史进程。坚定不移推进中华民族伟大复兴的历史进程，要在继续推动发展的基础上，着力解决好发展不平衡不充分问题，大力提升发展质量和效益，更好满足人民在经济、政治、文化、社会、生态等方面日益增长的需要，更好推动人的全面发展、社会全面进步。

完成脱贫攻坚、全面建成小康社会，实现中华民族伟大复兴迈出关键一步。到2020年全面建成小康社会，实现第一个百年奋斗目标，是我们党向人民、向历史作出的庄严承诺。贫穷不是社会主义，消除贫困、改善民生、逐步实现共同富裕是社会主义的本质要求。党把脱贫攻坚作为全面建成小康社会的底线任务，立足我国国情，提出实现脱贫攻坚目标的总体要求，把脱贫攻坚与坚决打好防范化解重大风险、污染防治的攻坚战相结合，纳入"五位一体"总体布局、"四个全面"战略布局。

在脱贫攻坚中，实行扶持对象、项目安排、资金使用、措施到户、因村派人、脱贫成效"六个精准"和发展生产、易地搬迁、生态补偿、发展教育、社会保障兜底"五个一批"，全面部署精准脱贫。决战决胜脱贫攻坚，出台一系列超常规政策举措，构建了一整套行之有效的政策体系、工作体系、制度体系，走出了一条中国特色减贫道路，形成了中国特色反贫困理论。全国832个贫困县全部摘帽，近一亿农村贫困人口实现脱贫，960多万贫困人口实现易地搬迁，历史性地解决了绝对贫困问题，为实现全面建成小康社会目标任务和全球减贫事业作出历史性贡献。脱贫攻坚战的全面胜利，标志着党在团结带领人民创造美好生活、实现共同富裕的道路上迈出了坚实的一大步。脱贫攻坚伟大斗争，锻造形成了"上下同心、尽锐出战、精准务实、开拓创新、攻坚克难、不负人民"的脱贫攻坚精神。这是党的性质宗旨、中国人民意志品质、中华民族精神的生动写照，是爱国主义、集体主义、社会主义思想的集中体现，是中国精神、中国价值、中国力量的充分彰显，赓续传承了伟大民族精神和时代精神。

新时代十年的伟大变革，在党史、新中国史、改革开放史、社会主义发展史、中华民族发展史上具有里程碑意义，中国人民、中华民族焕发出更为强烈的历史自觉和主动精神。新时代十年的伟大变革，党和国家事业取得历史性成就、发生历史性变革，经受住了来自政治、经济、意识形态、自然界等方面的风险挑战考验，有力解决了影响党长期执政、国家长治久安、人民幸福安康的突出矛盾和问题，消除了党、国家、军队内部存在的严重隐患。我国发展具备了更为坚实的物质基础、更为完善的制度保证，从根本上确保实现中华民族伟大复兴进入了不可逆转的历史进程。

(二) 实现中华民族伟大复兴的必然要求和必经阶段

党的二十大报告全面论述了中国式现代化的中国特色和本质要求等重大问题,进一步展现了中国特色社会主义的美好未来,是我们党团结带领全国各族人民在新时代新征程坚持和发展中国特色社会主义的政治宣言和行动纲领。中国式现代化是实现中华民族伟大复兴的根本之路,是中华民族的复兴路、富强路,是中国人民走向共同富裕的致富路,也是促进世界和平与发展的康庄大道。

深刻总结中华民族独立发展的中国经验。习近平总书记在党的二十大报告中指出:"中国式现代化,是中国共产党领导的社会主义现代化,既有各国现代化的共同特征,更有基于自己国情的中国特色。"中华民族曾经在历史上取得过辉煌成就,为世界文明进步作出了卓越贡献。由于腐朽的封建统治和闭关锁国的政策,我们慢慢地落后于世界发展,特别是鸦片战争之后,国家蒙辱、人民蒙难、文明蒙尘。追求民族独立、国家富强和人民幸福成为一代代中国人的夙愿,让亿万中国人民走向现代化、实现中华民族的伟大复兴更是近代以来中华儿女孜孜以求的梦想。在我国这样一个发展中大国实现现代化,没有先例可循,也没有现成道路可走,只有不断探索和坚持走自己的路。为此,一大批仁人志士纷纷探求救国救民的道路,付出了艰辛的努力和巨大的牺牲。十月革命一声炮响,给中国送来了马克思列宁主义,中国共产党成立后,带领中国人民经过反复对比和实践,成功开创了中国革命、建设和改革的正确道路,找到了一条区别于其他国家、有自己特色的中国式现代化道路。在党的领导下,将社会主义根本制度与市场经济有机结合,发挥集中力量办大事的优势,摒弃了西方以资本为中心、牺牲绝大多数人利益、个人主义和物质主义膨胀、对外扩张掠夺的现代化老路，实现了对西方现代化理论的超越。

中国式现代化道路，不是上天赐予的，也不是其他国家施舍的，是一代代中国人民在历史中摸索探寻的，是中国共产党领导人民群众，在系统总结5000多年的中华文明史、500多年的社会主义发展史、180多年的中国近现代史、100多年的党史、70多年的新中国史、40多年的改革开放史经验的基础上，靠头脑思索、靠双手创造、靠双脚探索出来的。这是我们从自身发展艰辛探索中得到的答案，更是我们独立寻求走向现代化发展道路的经验升华。党的二十大进一步坚定了中国道路自信，描绘了中国之路、中国之治的美好未来。新征程上，我们要以更加坚定的历史自信、更加主动的历史担当，把我们党领导人民群众历经千辛万苦寻找到的中国式现代化道路坚持好、走好，奋力取得建设社会主义现代化国家的新成就。

充分展现中华民族伟大复兴的光明前景。实现中华民族伟大复兴是近代以来中国人民最伟大的梦想，也是一代又一代仁人志士所追求的目标。中国式现代化以实现中华民族伟大复兴为目标指向，既是发展路径，也是奋斗目标。一百多年来，中国共产党进行了艰苦卓绝的努力，从石库门到天安门，从兴业路到复兴路，我们党所付出的一切努力、进行的一切斗争、做出的一切牺牲，都是为了人民幸福和民族复兴。党领导人民开创了中国式现代化道路，我们成功找到了实现中华民族伟大复兴的正确方向和路径，实现中国式现代化的过程，本身就是不断推进中华民族伟大复兴的过程。

党的二十大明确了到2035年我国发展的总体目标，重点部署了未来五年的战略任务和重大举措，制定了走向现代化和实现中华民族伟大复兴的时间表、路线图，深刻揭示了以中国式现代化实现中华民族伟大复兴目标的科学性、可行性和实践性，向全党发出了坚定走中国式现代化道路的有力号召，向全国各族人民描绘了未来中国的光明前景，向世界展示了实现中华民族伟大复兴的坚定决心。沿着党指引的方向，我们可以清晰地看到中国特色社会主义的光明未来，可以展望到祖国更加强盛、人民更加幸福的令人心潮澎湃、心向往之的动人场景，让我们更加确信，以中国式现代化全面推进中华民族伟大复兴，是一条光明大道，向着中国式现代化的美好前景勇毅前行、不懈奋斗，中华民族伟大复兴一定要实现，中华民族伟大复兴一定能够实现。

（三）守好中国式现代化的本和源、根和魂

习近平总书记在学习贯彻习近平新时代中国特色社会主义思想和党的二十大精神研讨班开班式上对中国式现代化理论作了深刻阐释，强调"要守好中国式现代化的本和源、根和魂，毫不动摇坚持中国式现代化的中国特色、本质要求、重大原则，确保中国式现代化的正确方向"。这一重要论述科学回答了事关全局、事关根本、事关长远、事关党和国家事业的一系列重大理论与实践问题，是以中国式现代化推进中华民族伟大复兴的行动指南。守好中国式现代化的本和源、根和魂，就能把中国式现代化这一项前无古人的开创性事业不断推向前进。

坚持中国共产党的领导，是守好中国式现代化的本。习近平总书记指出，中国式现代化是中国共产党和中国人民长期实践探索的成果，党的领导直接关系中国式现代化的根本方向、前途命运、最终成败。鸦片战争以来，无数仁人志士进行了推进中国现

代化的尝试。但这些尝试，包括太平天国运动、洋务运动、戊戌变法、义和团运动、辛亥革命等都以失败告终。中国共产党的成立为中国探索现代化提供了坚强领导力量。在党的领导下，全国人民自力更生、发愤图强，实现了站起来、富起来、强起来的伟大飞跃，成功推进和拓展了中国式现代化。中国一百多年现代化的实践探索证明，党的领导是中国式现代化的根本，没有党的领导就没有中国式现代化。守好中国式现代化的本，必须坚持和加强党的全面领导。党政军民学，东南西北中，党是领导一切的，是最高的政治领导力量。党中央是全党的大脑和中枢。坚持党的领导，必须坚决维护党中央权威和集中统一领导，使党始终成为风雨来袭时全体人民最可靠的主心骨。这就要求全党同志坚决把拥护"两个确立"转化为做到"两个维护"的自觉行动，切实增强"两个维护"的政治定力和政治能力。只有这样，党的领导才能"如身使臂，如臂使指"，中央的决策部署才能落地生根，中国式现代化才能沿着正确方向前进。

　　坚定不移推进中国特色社会主义伟大事业，是守好中国式现代化的源。实践是理论之源。中国式现代化既是重大实践创新，更是实践基础上的重大理论创新。在推进中国特色社会主义伟大事业的历史进程中，中国共产党立足改革发展的生动实践不断深化对中国式现代化的内涵和本质的认识，初步构建起中国式现代化的理论体系。党的二十大报告明确概括了中国式现代化是人口规模巨大的现代化，是全体人民共同富裕的现代化，是物质文明和精神文明相协调的现代化，是人与自然和谐共生的现代化，是走和平发展道路的现代化五个方面的中国特色，深刻揭示了中国式现代化的科学内涵。这既是立足中国特色社会主义伟大实践的理论升华，也是对中国式现代化的理论概括。可以说，没有中国特色社会主义伟大事业40多年的火热实践，就没有中国式现代化。中国特色社会主义是改革开放以来党的全部理论和实践的主题。守好中国式现代化的源，必须始终高举中国特色社会主义伟大旗帜，牢固树立"四个自信"，把中国发展进步的命运牢牢掌握在自己手中。要坚持以经济建设为中心，坚持四项基本原则，坚持改革开放，坚持独立自主、自力更生，既不走老路，也不走邪路，勇于开创中国特色社会主义事业新局面，为实现中国式现代化提供更加充沛的源头活水。

传承弘扬中华优秀传统文化，是守好中国式现代化的根。文化自信是一个国家、一个民族发展中最基本、最深沉、最持久的力量。英国哲学家罗素说："中国与其说是一个政治实体，还不如说是一个文化实体。自古以来，只有中国的文明得以存活至今。"[1]中华文明之所以成为世界上唯一不曾中断、延续5000多年的优秀文明，一个重要原因是绵延不绝的民族文脉的强有力支撑。文化兴则国运兴，文化强则民族强。文化对一个国家或民族现代化的模式选择和制度变迁有着巨大影响。中国式现代化，深深植根于中华优秀传统文化，从娘胎里就打上了中华优秀传统文化的烙印。作为中国人民在长期生产生活中积累的宇宙观、天下观、社会观、道德观的重要体现，中华优秀传统文化最关注的是人，强调天下为公、民为邦本。中国式现代化坚持的以人民为中心的发展思想，同这些价值观是一脉相承的。守好中国式现代化的根，必须传承弘扬中华优秀传统文化，推动中华优秀传统文化创造性转化、创新性发展。要从历史、当下和未来的多重维度看待文化对社会变革的推动作用，深刻把握文化传承发展的一般规律，加强对中华优秀传统文化的挖掘和阐发，推动中华优秀传

---

[1] 〔英〕伯特兰·罗素著：《罗素自选文集》，戴玉庆译，商务印书馆2006年版，第188页。

文化同新时代的社会主义社会相适应，把中华优秀传统文化发扬光大，为以中国式现代化推进中华民族伟大复兴立根固本。

推进马克思主义中国化时代化，是守好中国式现代化的魂。马克思主义是我们立党立国的根本指导思想，是我们党的灵魂和旗帜，也是中国式现代化的灵魂和旗帜。马克思主义在中国的传播，为中国人民探索现代化道路提供了科学思想指引。中国共产党领导中国人民进行的新民主主义革命、社会主义革命和建设、改革开放和社会主义建设、新时代中国特色社会主义伟大建设，这些探索现代化道路的波澜壮阔的实践得出一个结论，那就是：中国共产党为什么能，中国特色社会主义为什么好，归根到底是马克思主义行，是中国化时代化的马克思主义行。长期以来，我们党推进马克思主义基本原理同中国具体实际相结合、同中华优秀传统文化相结合，不断创新党的理论，形成了与时俱进的理论成果，更好地指导了中国现代化建设的实践，为中国式现代化提供了充满新的活力的体制保证和快速发展的物质条件。实践没有止境，理论创新也没有止境。党的十八大以来，我们党继续进行理论探索和创新，形成了习近平新时代中国特色社会主义思想。守好中国式现代化的魂，必须长期坚持并不断丰富发展习近平新时代中国特色社会主义思想，把握好蕴涵其中的世界观和方法论，坚持好、运用好贯穿其中的立场观点方法，为完成新时代新征程中国共产党的使命任务凝心铸魂。

基础不牢地动山摇，根深干壮才能枝繁叶茂。中国式现代化扎根中国大地，切合中国实际，不仅走得对、走得通，而且走得稳、走得好。新时代新征程上，我们要守好中国式现代化的本和源、根和魂，毫不动摇坚持中国式现代化的中国特色、本质要求、重大原则，确保中国式现代化的正确方向，把发展进步的命运牢牢掌握在自己手中，不断夺取全面建设社会主义现代化国家新胜利。

二、推进中国式现代化是一项系统工程和开创性事业

（一）洞察世界发展大势

欲应天下之务必先审天下之势。2013年6月，习近平总书记在十八届中央政治局第七次集体学习时强调："在当今世界深刻复杂变化、中国同世界的联系和互动空前紧密的情况下，更要密切关注国际形势发展变化，把握世界大势，统筹好国内国际两个大局，在时代前进潮流中把握主动、赢得发展。"[1]这一重要指示，突出强调了新形势下全面审视和准确把握世界大势的极端重要性。我们必须不断解放思想，坚持用马克思主义的宽广眼界观察世界，把中国的发展放到世界大局中来思考，以理论和实践的新创造推动中国特色社会主义事业的新开拓、新发展。

积极顺应世界大势是我们党的历史经验。世界潮流，浩浩荡荡，顺之则昌，逆之则亡。历史上，不看世界发展大势、故步自封、作茧自缚，导致国家和民族衰亡的例子比比皆是。而中国共产党之所以能够带领人民不断取得革命、建设和改革的伟大胜利，社会主义中国之所以能够始终充满生机活力，一个重要原因，就是我们党在关系中华民族前途和命运的每一个关键时刻、每一个重大关头，始终能够准确把握世界大势，作出符合中国国

---

[1]《习近平总书记系列重要讲话读本（2016年版）》，学习出版社、人民出版社2016年版，第39页。

情、适应时代进步潮流的正确决策和部署，为实现国家和人民的根本利益而不懈奋斗。中国共产党在中国各族人民的心目中，总是时代进步的象征、民族兴盛的希望。

中国共产党从诞生起，就是一个站在时代前列的政党。近代以来，为了挽救国家危亡，中国的先进分子曾经历尽千辛万苦，向西方国家寻找真理，却在实践中一而再、再而三地碰壁。1917年俄国爆发的十月社会主义革命，是人类历史上一个划时代的事件，极大地改变了20世纪世界历史的进程。它唤醒了西方的无产阶级，也唤醒了东方的被压迫民族，欧亚革命浪潮高涨。中国的先进分子从俄国十月革命的启示和西方资本主义的社会政治危机中，敏锐地感受到世界历史潮流的深刻变化，并且很快在实践中得出向俄国革命学习、"走俄国人的路"的结论。一批先进的知识分子，开始传播马克思列宁主义，并努力把马克思列宁主义这一最先进的思想同工人阶级这个中国最先进阶级的斗争实践结合起来，代表着中国和世界进步时代潮流的中国共产党应运而生。中国革命从此进入了崭新的发展阶段。

随着革命的不断深入发展，以毛泽东同志为核心的党的第一代中央领导集体自觉地从世界大势入手，思考中国革命的前途和命运，深刻把握"战争与革命"这一时代主题。毛泽东明确指出，第一次世界大战后的世界格局存在着革命和反革命两大势力，世界上被压迫的民族和阶级除了站在革命阵营的旗帜下反对帝国主义的压迫之外没有其他出路。中国革命与世界革命前途命运存在着必然联系。在《新民主主义论》中，毛泽东系统阐述了"中国革命是世界革命的一部分"的命题。这一论断对客观分析整个革命形势、指引中国革命不断取得胜利起到了关键性的作用。全民族抗战爆发后，正是基于这一论断，以及对帝国主义列强在华矛盾的深刻分析，毛泽东认为"建立一个包括英美在内的国际抗日统一战线"是有可能的，进而提出了持久战思想，领导人民取得了胜利。新中国成立伊始，以美、苏为代表的两大阵营之间的矛盾和冲突已转化为两种社会制度、两种意识形态的全面对抗。毛泽东正确分析了当时的国际形势和敌友关系，作出了"一边倒"的唯一正确的战略抉择，从而不仅夺取了抗美援朝斗争的胜利，而且顺利恢复了被战争破坏的国内经济，为我国工业化奠定了基础。后来，苏联大国沙文主义逐渐恶性膨胀，毛泽东审时度势，不失时机地提出了"三个世界"划分的战略思想，我们以广大发展中国家为依托，恢复了在联合国的合法席位，随后又开始了中美关系正常化进程，使我国摆脱了美苏双向战略钳制的被动局面。

20世纪70年代末，以邓小平同志为核心的党的第二代中央领导集体敏锐地观察到国际形势缓和的趋势，认为争取比较长期的和平是可能的，在较长时期内不发生大规模的世界战争是可能的，进而作出了和平与发展是当今时代的两大主题的重要判断，为党和国家的工作重点转移到社会主义现代化建设上来奠定了重要基础。邓小平深刻指出："总结历史经验，中国长期处于停滞和落后状态的一个重要原因是闭关自守。经验证明，关起门来搞建设是不能成功的，中国的发展离不开世界。"①因此，他坚定不移地主张实行对外开放，在平等互利的基础上积极扩大对外交流。他还通过对世界各国经济和科学技术发展的长期关注和观察，认为世界新科技革命蓬勃发展，经济、科技在世界竞争中的地位日益突出，提出了科学技术是第一生产力的重要论断，为党和国家确立科教兴国的发展战略奠定了基础。20世纪90年代，

---

① 《邓小平文选》第3卷，人民出版社1993年版，第78页。

面对世界社会主义运动的严重挫折,以江泽民同志为核心的党的第三代中央领导集体吸取苏共的教训,强调马克思主义政党要经得起长期执政的考验,必须不断加强自身建设,形成并提出了"三个代表"重要思想,反映了当代世界和中国的发展变化对党和国家工作的新要求。进入21世纪,传统发展模式造成的弊端逐渐显现,国际社会对新的发展模式的探讨蓬勃兴起。以胡锦涛同志为总书记的党中央深刻总结国内外在发展问题上的经验教训,吸收人类文明进步的新成果,形成并提出了科学发展观,站在历史和时代的高度,深刻认识回答了新形势下实现什么样的发展、怎样发展等重大问题。

站在新的历史起点上,以习近平同志为核心的党中央始终胸怀全局、运筹帷幄。2013年,习近平总书记在访问中亚和东南亚时,分别提出建设丝绸之路经济带和21世纪海上丝绸之路的倡议。共建"一带一路"是实施新一轮扩大开放的重要举措。"一带一路"贯穿欧亚大陆,东边连接亚太经济圈,西边进入欧洲经济圈,顺应了时代要求和各国加快发展的愿望,提供了一个包容性巨大的发展平台,具有深厚历史渊源和人文基础,能够把快速发展的中国经济同沿线国家的利益结合起来。2015年9月,习近平总书记在纽约联合国总部出席第七十届联合国大会一般性辩论时发表重要讲话明确指出:"当今世界,各国相互依存、休戚与共。我们要继承和弘扬联合国宪章的宗旨和原则,构建以合作共赢为核心的新型国际关系,打造人类命运共同体。"[①]世界格局正处在一个加快演变的历史性进程之中,但和平与发展仍是时代主题,和平、发展、合作、共赢的时代潮流更加强劲。习近平总书记提出构建以合作共赢为核心的新型国际关系,把合作共赢理念

[①]《习近平谈治国理政》第2卷,外文出版社2017年版,第522页。

体现到政治、经济、安全、文化等对外合作的方方面面,以合作取代对抗、以共赢取代零和,树立建设伙伴关系新思路。以合作共赢作为核心理念处理国与国关系是人类历史上的首次。回顾中国共产党100多年的历史,可以深切地体会到,我们党是一个具有敏锐世界眼光和宽广政治胸襟的马克思主义政党。准确把握世界大势、积极顺应世界大势,是我们党处理重大问题、作出重要决策的指导原则。

在正确认识当今世界深刻变化中把握大势。当今世界正发生前所未有之大变局,国际战略格局、全球治理体系、全球地缘政治棋局、综合国力竞争发生重大变化。在和平与发展的时代主题下,一些格局性、趋势性变化更加明显。

一是国际力量对比继续朝着有利于世界和平与发展的方向转变。国际金融危机爆发后,西方一些发达国家失业率居高不下、消费不振,房地产、金融等支柱产业在危机中受到重创。有的国家政府负债过高,财政收支矛盾突出,经济复苏缓慢。而另一方面,虽然受到西方国家经济低迷拖累和自身调控影响,新兴市场国家和发展中国家出现增幅回落趋势,但相较于发达国家,依然保持增长势头,对全球经济发展的拉动作用不断加大。目前,西方国家的总体实力依然占优,但在世界经济中的比重进一步下降,新兴市场国家和发展中国家在世界经济中的比重不断上升,整体实力明显增强,成为维护世界和平、促进共同发展的重要力量。同时,经历金融危机的洗礼,国际社会越来越认识到,只有少数发达大国说了算的全球治理结构存在严重缺失,形成一个更有利于兼顾公平和效率、反映国际政治经济格局的全球治理体系,已成为各方共识。世界银行、国际货币基金组织治理结构调整已经实施或正在推进,新兴市场国家和发展中国家话语权有所增强。

二是科技创新和产业升级孕育新突破。国际金融危机加速催生新的科技革命和产业变革。各国均认识到,科技创新是经济结构调整和持续健康发展的决定性力量,谁能在科技创新方面占据优势,谁就能掌握经济结构调整和转型发展的主动权,率先复苏并走向繁荣。世界各主要国家都在推出激励科技创新的政策措施,国际产业和技术竞争将日趋激烈。主要发达国家纷纷加快发展新兴产业,加速数字技术和制造业的结合,推进"再工业化",力图抢占未来科技和产业发展新的制高点。发展中国家也加大科技投入,加速发展具有比较优势的产业和技术,谋求实现跨越式发展。全球进入空前的创新密集和产业变革时代,科技知识创新、传播、应用的规模和速度前所未有,信息、生物、新能源、纳米等前沿技术领域呈现群体突破的态势,以智能、绿色和共享为特征的新产业变革蓄势待发。科技创新将从根本上改变全球竞争格局和国民财富的获取方式。

三是走适合自己国情的发展道路成为越来越多国家的选择。冷战结束后,一些西方国家力图将他们所谓的"民主""自由市场"理论推广到全世界,以建立起由他们主宰的世界资本主义附庸体系。这些年,也的确有不少国家盲目地或者在西方压力下照搬西方的政治、经济模式,但结局不论是强调要吸取新自由主义沉痛教训的拉美国家,还是那些发生"颜色革命"的国度,无不是从希望到失望甚至绝望。一个国家的发展道路只能从本国实际出发进行探索,照抄照搬别国模式从来都不会取得成功。国际金融危机爆发以来,西方国家的政治、经济发展模式受到强烈冲击,弊端充分显露,优越性受到广泛质疑。而选择自己道路稳步前行的中国取得的巨大成功,更是极大动摇了西方征服世界、统治世界的"道义准则"。越来越多的国家更加重视探索符合自身的发展模式。

四是促进社会公平正义成为各国人民的普遍追求。作为衡量社会文明与进步的一个重要尺度，社会公正始终与人类社会发展相伴相随。纵观人类发展史可以发现，一部人类发展史实质上就是一部不断追求公平正义的文明进化史，现代化进程更是一个持续不断地促进和实现公平正义的历史进程。而随着人类社会的发展，人们对社会公正总会不断提出新的要求。社会信息化的持续推进，使人们既增长了见识，也扩大了视野，了解到更多不公平的真相，对公平正义的追求更加强烈。公平正义是中国共产党始终追求的崇高核心价值。1949年中华人民共和国成立后，在中国共产党领导下，新中国以自己的成功实践，为当今世界促进与维护公平正义提供了极其正面的范例，创造了弥足珍贵的中国经验。在当下全球化进程遭遇逆流、国际局势更加复杂的时代大背景下，我国更加需要高举公平正义的旗帜，不断夯实构建人类命运共同体的理论基石，为维护人类共同和长远利益贡献中国智慧，也为促进人类文明永续进步提供价值准则和精神动力。

五是各种不稳定不确定因素明显增多。当今，国际金融危机深层次影响继续显现，世界经济进入深度调整期，整体复苏艰难曲折，国际金融领域仍然存在较多风险，形形色色的保护主义明显升温，各国加快发展模式转型和发展方式转变的压力普遍增强。大国关系保持了冷战结束以来既相互合作借重，又相互牵制竞争的基本框架，但围绕国际秩序、综合国力、地缘政治、国际市场、科学技术等方面的全方位竞争更趋激烈。发达国家在整体实力上占有领先优势，仍将力图主导国际经济政治体系的运行和规则制定，国际战略失衡局面短期内不会改变。局部动荡和热点问题复杂难解，霸权主义、强权政治和新干涉主义有所上升，军备竞争、恐怖主义、网络安全等传统安全威胁和非传统安全威胁相互交织，气候变化以及能源资源安全、粮食安全等全球性问题更加突出，维护世界和平、促进共同发展依然任重道远。

（二）把握人民群众共同愿望

中国共产党自建立伊始，就始终以实现和维护中国广大人民群众的利益为党的神圣使命。中国共产党不仅以此为宗旨，而且不断对实现人民利益的条件进行认真研究，以准确把握人民群众的愿望和要求，使党的政策和各项工作真正能够符合人民群众的利益。正如毛泽东一贯强调的："共产党人的一切言论行动，必须以合乎最广大人民群众的最大利益，为最广大人民群众所拥护为最高标准。"①

要把握人民群众的愿望和需要，就必须对群众有一个正确的认识，群众绝不是一种抽象的社会概念，正相反，它是由具有各种社会要求的普通男女组成的，是由具有自己独特的身份、利益和愿望的社会成分构成的。他们往往根据自己的社会要求和利益、愿望对各种各样的政治主张、政策作出自己不同的反应。对有的政党的政治主张和政策，他们会表现出冷漠甚至敌视，而对有的政党的政治主张和政策，则表现出极大的热情并追随这些政党。中国共产党领导的中国革命能够胜利，原因当然很多，但最根本的原因就在于，中国共产党的政治主张和政策符合最大多数人民群众的愿望和需要，因而激发了中国人民的极大革命热情，得到了最广大人民群众的支持。人民群众的需求、社会抱负、集

---

① 《毛泽东选集》第3卷，人民出版社1991年版，第1096页。

体期望和政治要求就是人民群众愿望和需要的体现。任何一个政党获得人民群众支持的唯一有效的途径，就是根据人民群众的愿望和要求制定党的政策、战略与策略。

把握人民群众共同意愿，就要牢牢把握人民群众对美好生活的向往。这彰显了我们党全心全意为人民服务的根本宗旨，是坚持以人民为中心的发展思想的必然要求。我们党来自人民、服务人民，党的一切工作，必须以最广大人民根本利益为最高标准。在中国革命、建设和改革各个历史时期，我们党始终坚持全心全意为人民服务的根本宗旨，从来没有动摇、偏离、懈怠。人民群众是发展的主体，也是发展的最大受益者。带领人民创造幸福生活，是我们党始终不渝的奋斗目标。党的十八大以来，习近平总书记提出坚持以人民为中心的发展思想，强调"发展为了人民、发展依靠人民、发展成果由人民共享"，"人民对美好生活的向往。就是我们的奋斗目标"，从马克思主义唯物史观的高度，进一步科学回答了当代中国究竟"为谁发展""靠谁发展"的基本问题，反映了坚持人民主体地位的内在要求和人民至上的价值取向，指明了坚持和发展中国特色社会主义、实现中国梦的前进方向。

把握人民群众共同意愿和对美好生活的向往，还体现对我国社会发展阶段性特征的深化认识和准确把握，是全面推进中国特色社会主义伟大事业的迫切需要。习近平总书记指出："全党要牢牢把握社会主义初级阶段这个最大国情，牢牢立足社会主义初级阶段这个最大实际，更准确地把握我国社会主义初级阶段不断变化的特点，坚持党的基本路线，在继续推动经济发展的同时，更好解决我国社会出现的各种问题，更好实现各项事业全面发展，更好发展中国特色社会主义事业，更好推动人的全面发展、社会全面进步。"①这一重要论述，清楚地表明了当代中国的历史方位，明确告诉我们既要看到社会主义初级阶段基本国情没有变，又要看到我国社会发展当前阶段呈现出来的新特点，为更好发展中国特色社会主义事业指明了方向。

从基本国情看，我国仍处于并将长期处于社会主义初级阶段的基本国情没有变，我国是世界最大发展中国家的国际地位没有变，我们必须坚持党的基本路线不动摇，始终坚持以经济建设为中心，大力解放和发展社会生产力。习近平总书记指出："经过改革开放近40年的发展，我国社会生产力水平明显提高；人民生活显著改善，对美好生活的向往更加强烈，人民群众的需要呈现多样化多层次多方面的特点，期盼有更好的教育、更稳定的工作、更满意的收入、更可靠的社会保障、更高水平的医疗卫生服务、更舒适的居住条件、更优美的环境、更丰富的精神文化生活。"②在这里，用"八个更"概括了人民群众对美好生活的期盼，揭示了在中国特色社会主义进入新的发展阶段后，人民群众对美好生活的向往的新特点新要求，进一步明确了改善民生工作的着力点。我们一定要牢牢把握人民群众对美好生活的向往，以新的思路、新的战略、新的举措来贯彻好党的基本路线，在继续推动经济发展的同时，更好实现各项事业全面发展，决胜全面建成小康社会，夺取新时代中国特色社会主义伟大胜利。

把握人民群众共同意愿，牢牢把握人民群众对美好生活的向往，必须体现在经济社会发展各个环节，不断实现好、维护好、

---

① 《习近平在省部级主要领导干部"学习习近平总书记重要讲话精神，迎接党的十九大"专题研讨班开班式上发表重要讲话强调　高举中国特色社会主义伟大旗帜为决胜全面小康社会实现中国梦而奋斗》，《人民日报》2017年7月28日。

② 《习近平在省部级主要领导干部"学习习近平总书记重要讲话精神，迎接党的十九大"专题研讨班开班式上发表重要讲话强调　高举中国特色社会主义伟大旗帜为决胜全面小康社会实现中国梦而奋斗》，《人民日报》2017年7月28日。

发展好最广大人民根本利益。习近平总书记指出:"抓住重点带动面上工作,是唯物辩证法的要求,也是我们党在革命、建设、改革进程中一贯倡导和坚持的方法。"①随着经济社会发展,人民群众对过上更好生活不断产生新的更高期待。只有正确处理我国社会发展阶段的"变"与"不变"的辩证统一,坚持"重点论"和"两点论"的辩证统一,把握和顺应人民群众新期待,才能得到人民支持和拥护,最大限度地凝聚全体人民的智慧和力量,为实现共同目标而不懈奋斗。在推进中国特色社会主义伟大事业中,我们既要抓住"重点",始终坚持以经济建设为中心,不断提高我国社会生产力水平,又要在经济发展的基础上,带动"面上工作",逐步解决这些人民群众最关心的问题,不断改善人民生活、增进人民福祉,努力实现人民群众的新期盼,大力促进社会全面进步,让人民生活得更美好。在新的发展阶段,我们要继续统筹推进"五位一体"总体布局、协调推进"四个全面"战略布局,牢固树立和贯彻落实新发展理念,突出抓重点、补短板、强弱项,特别是要坚决打好防范化解重大风险、精准脱贫、污染防治的攻坚战,坚定不移推进供给侧结构性改革,提高经济发展质量和效益,生产出更多更好的物质精神产品,不断满足人民日益增长的物质文化需要。要提供各种有利条件,为各行业各方面的劳动者、企业家、创新人才、各级干部创造发挥作用的舞台和环境。要坚持社会主义基本经济制度和分配制度,调整收入分配格局,完善以税收、社会保障、转移支付等为主要手段的再分配调节机制,维护社会公平正义,解决好收入差距问题,使发展成

---

① 《习近平在省部级主要领导干部"学习习近平总书记重要讲话精神,迎接党的十九大"专题研讨班开班式上发表重要讲话强调 高举中国特色社会主义伟大旗帜为决胜全面小康社会实现中国梦而奋斗》,《人民日报》2017年7月28日。

果更多更公平惠及全体人民，使全面建成小康社会得到人民认可、经得起历史检验，最终实现共同富裕的目标。①

（三）探索经济社会发展规律

党的二十大制定了以中国式现代化全面推进中华民族复兴的伟大纲领，开辟了马克思主义中国化时代化的新境界，在世界社会主义运动史上具有里程碑意义。习近平总书记在党的二十大报告中指出："我们党勇于进行理论探索和创新，以全新的视野深化对共产党执政规律、社会主义建设规律、人类社会发展规律的认识，取得重大理论创新成果，集中体现为新时代中国特色社会主义思想。"②对于三大规律的深化认识和把握是习近平新时代中国特色社会主义思想的精髓，是运用马克思主义对历史经验科学总结的结晶。

执政规律是指一个政党在掌握和行使国家公共权力中必须遵循的要求和准则，是执政党在政治实践中与社会客体契合互动的重要依据。研究和掌握执政规律，是执政党治国理政的基本前提和重大要求，是检验一个政党成熟与否的重要标志。习近平总书记在党的二十大报告中提出了一系列治国理政新理念，从党的执政地位、创新理论、执政目标、执政要求和执政方略等方面，深化了对共产党执政规律的认识。比如，提出关于党的领导的"四个最"的重要论述，深化了对党的执政地位和政治优势的认识；提出习近平新时代中国特色社会主义思想的世界观和方法论的"六个必须坚持"，深化了对党的创新理论的认识；提出新时代新

---

① 《牢牢把握人民群众对美好生活的向往》，《求是》2017年第18期。
② 习近平：《高举中国特色社会主义伟大旗帜　为全面建设社会主义现代化国家而团结奋斗——在中国共产党第二十次全国代表大会上的报告》，《人民日报》2022年10月26日。

征程党的中心任务，深化了对党的执政目标和发展阶段的认识；提出"三个务必"重要论述，深化了对党的执政要求和优良作风的认识；提出健全全面从严治党体系，突出强调自我革命的重大意义，深化了对党的执政方略和从严治党规律的认识；等等。

社会主义建设规律是指马克思主义执政党在治国理政实践活动中对"什么是社会主义、怎么建设社会主义"这一根本问题的规律性认识。习近平总书记在党的二十大报告中，围绕社会主义发展道路、发展战略、发展环境等问题提出了一系列重要论断，在推进党的理论创新中深化了对社会主义建设规律的认识。比如，提出中国式现代化的本质要求，深化了对社会主义发展道路的认识；论述教育、科技、人才的基础性、战略性支撑作用，深化了对社会主义发展战略的认识；论述坚持全面依法治国，推进法治中国建设，深化了对社会主义法治理论和实践的认识；论述推进国家安全体系和能力现代化的重要性，深化了对社会主义发展环境和战略保障的认识；提出规范财富积累机制，深化了对社会主义分配制度的认识；等等。

人类的活动是有意识、有目的的，其实践活动创造了人类社会的历史。人类通过实践活动创造了自己的历史，同时也就形成了人类社会历史的发展规律。从这个意义上说，人类社会发展规律也是作为历史主体的人的实践活动的产物。恩格斯在《反杜林论》中说，人类社会发展规律就是"人们自己的社会行动的规律"[1]。人类社会发展规律具有历史性、长期性和周期性。党的十九届六中全会指出："习近平新时代中国特色社会主义思想是当代中国马克思主义、二十一世纪马克思主义。"[2]其中关于"二十

---

[1]《马克思恩格斯选集》第3卷，人民出版社1995年版，第634页。
[2]《中共中央关于党的百年奋斗重大成就和历史经验的决议》，《人民日报》2021年11月17日。

一世纪马克思主义"的论断,是对习近平新时代中国特色社会主义思想在科学社会主义发展史、人类社会发展史上所处历史方位的判定。习近平总书记在党的二十大报告中聚焦世界发展大局,秉持胸怀天下的执政理念,提出了中国式现代化的中国特色,构建人类命运共同体、创造人类文明新形态,弘扬全人类共同价值等重要论述,进一步深化了对人类社会发展规律的认识,不断展现了马克思主义理论创新的思想伟力和人类情怀。比如,强调中国式现代化的中国特色,深化了对人类社会现代化发展道路的认识;重申构建人类命运共同体,创造人类文明新形态,深化了对人类社会发展共同利益的认识;首次倡导弘扬全人类共同价值,深化了对人类社会发展共同价值追求的认识;等等。

"三大规律"蕴含着普遍性与特殊性的辩证思维,涵盖了新时代中国共产党的社会实践与理论创新,回答了中国共产党领导人民干事创业的方法论、目的论和价值论。回顾党的革命史和发展史,"三大规律"始终是中国共产党推进理论创新、谋划执政方略和进行伟大革命的科学依据,贯穿在中国革命、建设、改革和新时代复兴伟业的历史进程中。面对新征程,党的二十大报告号召全党必须牢记"坚持党的全面领导是坚持和发展中国特色社会主义的必由之路,中国特色社会主义是实现中华民族伟大复兴的必由之路,团结奋斗是中国人民创造历史伟业的必由之路,贯彻新发展理念是新时代我国发展壮大的必由之路,全面从严治党是党永葆生机活力、走好新的赶考之路的必由之路"[①]。"五个必由之路"深刻阐明了新时代中国发展奇迹的成功密码,从深刻把握"三大规律"的高度揭示了新形势下统筹推进"四个伟大"的

---

① 习近平:《高举中国特色社会主义伟大旗帜 为全面建设社会主义现代化国家而团结奋斗——在中国共产党第二十次全国代表大会上的报告》,《人民日报》2022年10月26日。

领导力量、道路选择、精神风貌、发展理念和党的建设等新鲜经验，成为引领和推进伟大事业的重要保障。在新时代，我们必须遵循"三大规律"，科学分析我国发展所面临的阶段性任务和内外部环境条件，增强党在危机中育新机、在变局中出新局的本领和能力，以胸怀天下和国之大者的历史主动担当精神，矢志不渝地践行党的初心与使命，踔厉奋发谱写全面建设社会主义现代化国家的华彩篇章。

（四）坚持独立自主、自立自强

独立自主是中国式现代化的逻辑起点。世界上既不存在定于一尊的现代化模式，也不存在放之四海而皆准的现代化标准。世界现代化发展的历史说明：没有一个民族、一个国家可以通过依赖外部力量、照搬外国模式、跟在他人后面亦步亦趋实现强大和振兴；一个国家走什么样的现代化发展道路，按照什么样的方式走现代化发展道路，应根据国情和本国人民意愿自主决定。

中国式现代化道路的形成具有特殊性，它深深植根于中华优秀传统文化，是在人口多、底子薄、人均资源占有量少、生产力不发达的基础之上，于近代内忧外患的复杂环境下摸索前行的，无先例可循，也没有现成的前路可借鉴。中国的现代化道路早期受外部力量影响大，曲折前行、发展缓慢。新中国成立后，我们党坚持独立自主的原则，站在实现中华民族伟大复兴的战略高度，着眼于历史和现实，着眼于新实践和新发展，着眼于自己的基础和力量，总结历史经验并借鉴吸收一切人类优秀文明成果，发挥党的领导优势和社会主义制度优势，开创了中国式现代化新道路，创造了人类现代化发展的中国奇迹。走自己的路，这是中国富有远见的战略选择。正是因为我们把现代化放在本国资源、基础和力量基点之上,并以此为依据定方向、作决策、谋发展,才走出了一条正确且适合自己的现代化道路,取得了举世瞩目的现代化建设成就。

独立自主是中国式现代化的行动指针。独立自主是中华民族的优良传统,是立党立国的重要原则,也是中国式现代化建设的行动指针。中国式现代化之所以能够走得通、行得稳,就在于中国共产党洞悉人类历史发展规律和世界大势,自信自立、守正创新,始终保持走中国式现代化道路的战略定力和战略自信,不断引领中国式现代化道路行稳致远。

我们从中国实际出发,坚持和加强党的全面领导,既不走封闭僵化的老路,也不走改旗易帜的邪路,推动中国式现代化和中国特色社会主义同向同行,确保了中国式现代化始终沿着正确方向前进;坚持以人民为中心的发展思想,充分尊重人民群众的主体性和创造性,不断发展全过程人民民主,持续增强人民群众建设现代化的志气、骨气和底气,汇聚起了建设中国式现代化的磅礴力量;始终根据变化着的国际国内局势及时调整现代化发展方略,不断加强理论创新、实践创新和制度创新,不断突破外来经验、理论教条的限制,不断破除阻碍现代化发展的体制机制弊端,成功推进和拓展了中国式现代化;坚定奉行独立自主的和平外交政策,始终根据事情本身的是非曲直决定自己的立场和政策,积极推动构建人类命运共同体,不断以中国新发展为世界提供新机遇,为现代化的发展营造了有利外部环境。特别是进入新时代,我们党立足"两个大局",在学习借鉴其他现代化文明成果基础上始终坚持走自己的路,谱写了经济快速发展和社会长期稳定两大奇迹的新篇章。中国共产党和中国人民始终坚持自己的判断、选择和决策,把现代化发展的主动权牢牢地掌握在了自己手中。实践证明，中国式现代化道路之所以取得成功，就是因为它切合中国实际、反映中国人民意愿、适应时代发展要求，是我们党领导人民扎根中国大地、独立自主探索出来的。

独立自主是中国式现代化的精神动力。坚持独立自主、自力更生，走自己的路，是我们党从中国实际出发、依靠党和人民力量进行革命、建设、改革的必然结论，也是中华民族赖以生存、发展的巨大精神支柱和推动力量。在中华民族历史上，凡是重大的历史时刻，独立自主精神都会迸发出强大力量，激励中华民族在新的起点上奋勇前进。中国革命、建设、改革的生动实践充分证明了这一点。

当今，我国发展进入战略机遇和风险挑战并存、不确定难预料因素增多的时期，现代化发展的环境更加错综复杂，面临的任务更加繁重艰巨，遭遇的风险挑战前所未有。世界之变、时代之变、历史之变正以前所未有的方式展开，我国将在一个更加复杂严峻的战略环境中谋求和推动自身发展。在全面建设社会主义现代化国家、实现第二个百年奋斗目标的新征程上，必须坚定走自己路的决心，集中精力办好自己的事情。习近平总书记指出，我们走自己的路，具有无比广阔的舞台，具有无比深厚的历史底蕴，具有无比强大的前进定力。党的十八大以来，党和国家事业取得前所未有的历史性成就、发生了前所未有的历史性变革，这为中国式现代化发展提供了充满新的活力的体制保证和快速发展的物质条件。继续推进和开拓中国式现代化新道路，我们必须披荆斩棘、化危为机、奋勇前进，始终坚持独立自主的原则，大力发扬独立自主的精神，牢牢掌握发展和安全主动权，坚定历史自信，增强历史主动，发扬斗争精神，增强斗争本领，持续为中国式现代化注入强大动力，不断谱写中国式现代化发展的崭新篇章。

新时代党和国家事业取得历史性成就、发生历史性变革，推动中国迈上全面建设社会主义现代化国家新征程。中国特色社会主义的成功实践特别是新时代的历史性成就、历史性变革彰显并坚定中国特色社会主义的道路自信、理论自信、制度自信、文化自信。中国共产党百年奋斗的历程告诉世人，今天中国人民比历史上任何时期都更接近、更有信心和能力实现中华民族伟大复兴的目标，中国特色社会主义展现蓬勃生机，前景光明。

自立源于对规律趋势的深刻把握、对信仰信念的无比坚定。中国人民和中华民族从近代以后的深重苦难走向伟大复兴的光明前景，从来就没有教科书，更没有现成答案。中国共产党的百年奋斗成功道路是党领导人民独立自主探索开辟出来的，马克思主义的中国篇章是中国共产党依靠自身力量实践出来的，中国的问题必须从中国国情出发，由中国人自己来解答。要大力弘扬自力更生、艰苦奋斗精神，坚持把国家和民族发展放在自己力量的基点上，坚持把中国发展进步的命运牢牢掌握在自己手中。

直面世界之变、时代之变、历史之变，中国始终表现出大国独有的清醒和坚定，前进道路上仍然存在可以预料和难以预料的各种风险挑战，要增强忧患意识，坚持底线思维，做到居安思危、未雨绸缪，准备经受风高浪急甚至惊涛骇浪的重大考验。世界上既不存在定于一尊的现代化模式，也不存在放之四海而皆准的现代化标准。中国式现代化开辟了发展中国家走向现代化的新路径，打破了只有西方资本主义道路才能实现现代化的神话。

自强基于中国式现代化的思想引领、本质优势和中国创造。习近平新时代中国特色社会主义思想实现了马克思主义中国化时代化新的飞跃，为中国式现代化提供了根本遵循和行动指南。坚持和加强党的全面领导，确保中国式现代化建设正确方向，确保拥有团结奋斗的强大政治凝聚力、发展自信心。在价值取向上，中国式现代化坚持人民至上。站稳人民立场、把握人民愿望、尊重人民创造、集中人民智慧，坚持维护人民根本利益，让现代化建设成果更多更公平惠及全体人民。在文明创造上，中国式现代化立足人口规模巨大的中国国情，稳中求进、守正创新、敢于斗争、善于斗争、团结奋斗，推动物质文明、政治文明、精神文明、社会文明、生态文明协调发展，不断丰富和发展人类文明新形态。坚持深化改革、扩大开放，不断增强中国式现代化建设的动力和活力，把中国制度优势更好转化为国家治理效能。

三、中国式现代化光明前景、繁荣兴盛

（一）中国式现代化走得通、行得稳

中国式现代化的推进和拓展，彰显了社会主义在解放和发展生产力上的强大制度优势，破除了资本逻辑带来的社会分化和公平缺陷，不仅为强国建设、民族复兴开辟了正确道路，更为人类对更好社会制度的探索提供了中国方案。

现代化符合人类社会运动的历史逻辑。从社会形态更替角度看，生产力和生产关系、经济基础和上层建筑的矛盾运动，从根本上规定了社会形态的本质和基本结构，推动着人类社会不断由低级向高级迈进。现代化以人类的进步状态出现，首先是生产力的发展孕育出代表其前进方向的新型阶级，不断冲破传统生产关系的束缚，最终在全社会确立起属于自己的生产方式，进而推动

社会进入一个新的更高的发展阶段。商品经济在西方社会的发展和普及，催生了资产阶级，这一阶级凭借在生产方式上的强大优势取代原有阶级，完成了从理论到实践、从思想到制度的全面社会变革，开启了人类最早的现代化进程。资本的逐利本性，不仅使"资产阶级在它的不到一百年的阶级统治中所创造的生产力，比过去一切世代创造的全部生产力还要多，还要大"，而且以暴力为主要手段不断开辟和扩展世界市场，使发展中国家不同程度被卷入西方现代化体系之中。

在现代化探索过程中，一条道路最终能否走得通、行得稳，关键要看能否让人民受益。作为马克思主义政党，中国共产党自诞生之日起就摆脱了以往一切政治力量追求自身特殊利益的局限，始终来自人民、紧紧依靠人民、矢志为了人民，在新中国成立特别是改革开放以来的长期探索和实践基础上，走出了一条现代化建设之路。经过党的十八大以来在理论和实践上的创新突破，中国共产党成功推进和拓展了中国式现代化，亿万人民过上了几千年来梦寐以求的好日子，向着共同富裕的目标不断迈进。

具有基于自己国情的鲜明中国特色。什么样的现代化最适合自己，本国人民最有发言权。一段时期以来，一些发展中国家曾幻想"西天取经"，照搬照抄所谓的现代化公式，结果南橘北枳"水土不服"，陷入发展长期停滞、政治动荡不安、社会长期撕裂、人民痛苦不堪的泥潭。在长期的探索过程中，中国共产党人深刻认识到：现代化不会从天上掉下来，而是要通过发扬历史主动精神拼出来、干出来，只有坚持把国家和民族发展放在自己力量的基点上，才能把国家发展进步的命运牢牢掌握在自己手中。新中国成立特别是改革开放以来，我们用几十年时间走完西方发达国家几百年走过的工业化历程，创造了经济快速发展和社会长期稳定的奇迹。特别是党的十八大以来，在党的坚强领导下，消除了绝对贫困、全面建成小康社会，党和国家事业取得历史性成就、发生历史性变革，人民群众的获得感幸福感安全感不断增强。事实证明，中国式现代化的推进和拓展突破了已有现代化理论框架和实践范式，日益展现出自身所具有的典型特色和显著优势。

党的二十大报告阐述了中国式现代化的中国特色、本质要求和重大原则，使中国式现代化内涵更加清晰、架构更加科学、形象更加可感。中国式现代化是中国共产党领导的社会主义现代化，其5个方面的中国特色，是科学社会主义理论和中国现代化具体实践相结合的产物，深刻揭示了中国式现代化的力量之源和科学内涵，彰显了社会主义制度的优越性。这5个方面的中国特色，既基于自身国情，又借鉴各国经验；既传承历史文化，又融合现代文明；既是理论概括，也是实践要求。

推进中国式现代化取得新进展新突破。习近平总书记强调，现代化不是少数国家的"专利品"，也不是非此即彼的"单选题"，不能搞简单的千篇一律、"复制粘贴"。中国式现代化打破了"现代化=西方化"的迷思，实现了对人类社会发展规律的创造性应用、对人类面临共同问题的创新性解决。

当今，面对人口贫困、发展失衡、气候变化、环境污染等诸多全球性难题，我们究竟需要什么样的现代化？怎样才能实现现代化？要更好回答一系列现代化之问，必须尊重各国人民对发展道路的自主选择，共同绘就百花齐放的人类社会现代化新图景。中国共产党人在推进和拓展中国式现代化的具体实践中，坚持人与社会发展相统一的价值导向，将更高质量发展与人民美好生活需要统一起来，为人类解决人与自然、人与社会、人与自身的矛盾问题提供更多中国智慧，为应对全球性难题贡献中国力量。正如习近平总书记强调的："中国式现代化有目标、有规划、有战略，一定会实现。我们将一步一个脚印扎扎实实向前推进。"①

面向未来，中国人民有骨气、有信心、有能力做好自己的事、走好自己的路，以中国式现代化全面推进中华民族伟大复兴，不断推进人的全面发展和实现共同富裕。当前，要结合正在开展的学习贯彻习近平新时代中国特色社会主义思想主题教育，以习近平新时代中国特色社会主义思想为根本遵循，推进中国式现代化取得新进展、新突破。一是增强政治领导，不断提高政治判断力、政治领悟力、政治执行力，把党的领导落实到国家治理各领域和中国式现代化各方面，把对党忠诚体现到贯彻落实好党中央决策部署的实际行动上；二是强化战略支撑，以正确的战略策略应变局、育新机、开新局。例如，实现科教兴国战略、人才强国战略、创新驱动发展战略有效联动，坚持教育发展、科技创新、人才培养一体推进，形成良性循环；三是拓展实践路径，把具有前瞻性的发展规划和具有可行性的具体举措相结合，开辟发展新领域新赛道，不断塑造发展新动能新优势；四是破解发展难题，在更好回应百姓各方面诉求和多层次需要中，既增进当代人福祉又保障子孙后代权益；五是激发动力活力，依靠改革理顺机制，激励更多人更加自觉地投身社会主义现代化建设事业，使中国式现代化的中国特色更加鲜明、优势更加彰显、前景更加光明。

---

① 《"在推进中国式现代化建设中走在前列"——习近平总书记考察广东纪实》，《人民日报》2023年4月15日。

（二）坚持中国式现代化的正确方向

党的二十大报告明确提出，高质量发展是全面建设社会主义现代化国家的首要任务，要以中国式现代化全面推进中华民族伟大复兴。这是中国式现代化必须坚持的正确方向。

在深刻把握我国经济发展形势中推动高质量发展。从国内外形势看，2023年我国经济发展面临诸多压力和挑战。从国内看，我国发展不平衡不充分问题尚未得到根本扭转，经济中总量性、结构性、周期性矛盾仍然存在。总体来看，扩大内需动力不足，企业特别是中小微企业生产经营还面临一些困难，投资信心不足；居民消费能力和消费意愿不强，特别是改善型消费收缩、预防性储蓄上升；就业压力较大，特别是结构性就业矛盾突出；房地产市场风险隐患较多，经济金融领域系统性风险依然存在。从国际上看，世界百年未有之大变局加速演进，外部环境不确定性加大。美元加息对世界经济的外溢效应持续显现，全球通胀仍处于高位，国际金融市场风险加大；世界经济和贸易增长能力减弱，外部打压遏制不断上升，世界经济增长复苏乏力，我国出口增长难度增加。

在面对风险和挑战的同时，我们也应看到机遇和前景。第一，我们有以习近平同志为核心的党中央的坚强领导、中国特色社会主义的制度优势、中国式现代化美好前景，我们有信心、有能力战胜发展中的一切困难。做好经济工作，必须坚持党的全面领导特别是党中央集中统一领导。第二，我国产业基础和科技能力不断增强。我国拥有世界上最完整的产业体系，产业链供应链韧性持续提升，创新链不断发展壮大，产业结构持续优化升级。2022年我国在全球创新指数中的位次提升到第11位，进入创新型国家行列。2022年我国占世界经济的比重达到18%，人均国内生产总值达到12741美元，接近高收入国家水平。第三，我国有超大规模的市场优势。市场是宝贵的资源，我国是全球第二大消费市场和第一大网络零售市场。在推进工业化、城镇化和乡村振兴进程中，随着中等收入群体的不断扩大，将释放出强大的内需潜力。第四，我国数字经济发展迅速。数字经济是当今科技进步的重要体现。近年来，我国抢抓新一轮科技革命与产业变革发展机遇，大力推进数字经济与实体经济深度融合，为经济高质量发展打造了新的引擎和动力。目前，我国数字经济发展势头良好，数字经济规模全球排名第2位，占国民经济的比重世界排名第9位，进入全球第一方阵。

我们有党对经济工作的集中统一领导，有全体人民的团结奋斗，我国经济韧性强、潜力大、活力足，长期向好的基本面没有变。这些是我们确保经济稳步回升、整体好转的最大底气。我们完全有信心，在高质量发展中顺利完成经济社会发展的目标任务，确保新征程上全面建设社会主义现代化国家，开好局起好步。

在质的有效提升和量的合理增长中推动高质量发展。我国经济发展中存在的困难和问题，是多方面因素造成的，既有国内因素，又有国际因素；既有供给方面的因素，又有需求方面的因素；既有经济发展本身的因素，又有各类突发因素。稳预期、提信心是促发展的前提。所以，中央经济工作会议强调要坚定做好经济工作的信心，大力提振市场信心。

无论是稳预期还是提信心，从根本上看都要牢牢把握高质量发展。对企业来说，高质量发展就是有效益、有速度的发展；对百姓来说，高质量发展就是不断满足美好生活需要的发展。所以，无论是从供给角度还是从需求角度看，高质量发展都是最大公约数。

实现高质量发展，需要方方面面的努力。当前，经济发展进入回升和发力阶段，潜在的投资正在寻找各种新机会，各种消费也在竞相迸发，需要把经济发展的"质"和"量"有机结合起来考虑。因此，中央经济工作会议强调推动经济运行整体好转，实现质的有效提升和量的合理增长。

一是要把握量的增长这个基础。只有具备量的合理增长，才能保证投资、就业、民生、基础设施建设等顺利进行。合理增长表明我国所确立的增长速度目标是基于经济社会发展需要而科学测算的结果。中央经济工作会议强调稳增长稳就业稳物价，这"三稳"就是建立在经济运行合理区间基础上的。2023年政府工作报告提出今年发展预期目标，把我国国内生产总值增长目标确定为5%左右，城镇新增就业1200万人左右，城镇调查失业率5.5%左右，居民消费价格涨幅3%左右，这些量的确定正是基于经济发展的系统性考量，以量变的积累实现质变。

二是要完整、准确、全面贯彻新发展理念。只有贯彻新发展理念的发展才是高质量发展，这是保证我国经济发展"质"的有效提升的根本遵循。离开了新发展理念的指引，或者片面强调新发展理念中的某一个或几个方面，都不是真正意义上的高质量发展。甚至可以说，能否完整、准确、全面贯彻新发展理念是判断是否能够推动高质量发展的试金石。

三是发挥科技创新的驱动力作用。党的二十大报告之所以把科教兴国战略提到了前所未有的高度，强调坚持科技是第一生产力、人才是第一资源、创新是第一动力，就是因为我国在科技自立自强方面还存在一些短板弱项。从高质量发展的内在要求来说，必须突破"卡脖子"的技术问题，加快新能源、人工智能、生物医药、绿色低碳、量子计算等前沿技术研发和产业化应用。为此，必须发挥新型举国体制的优势，在关键核心技术上进行攻关和突破；发挥企业在科技创新中的主体作用，调动企业创新积极性；发挥高校作为科研主力军作用，完善产学研合作创新体系。数字经济是新一轮科技革命在经济领域应用的重要标志，是推动经济高质量发展的重要动力，是世界经济竞争的关键领域。习近平总书记多次强调做强做优做大我国数字经济，促进数字经济和实体经济深度融合，推进数字产业化和产业数字化。

四是用好政策组合拳。经济发展中质的有效提升和量的合理增长是一种辩证关系，必须用系统思维去把握，用统筹的方法去破解。中央经济工作会议明确提出了五个方面的政策组合，即积极的财政政策要加力提效、稳健的货币政策要精准有力、产业政策要发展和安全并举、科技政策要聚焦自立自强、社会政策要兜牢民生底线。这些政策组合是一个系统，只有各类政策有效协调配合，才会有助于保持量的合理增长，有助于形成共促质的提高的合力。

在扩大内需战略同深化供给侧结构性改革有机结合中推动高质量发展。在市场经济活动中，供给和需求之间存在对立统一的辩证关系，二者相互依存、互为条件。没有供给，需求就没有对象；没有需求，供给就无法实现。同时，供给和需求之间也存在相互促进关系，新的供给可以创造新的需求；反过来，新的需求可以拉动新的供给。供给和需求作为一对矛盾运动的关系，既可以反映微观领域的经济状态，也可以反映宏观领域的经济状态。一个经济体是否健康发展，通常可以从宏观领域的总供给和总需求的关系来判断，当总供给和总需求平衡时，经济运行往往健康平稳；当总供给和总需求失衡时，经济发展就会出现波动，甚至大起大落。一般说来，在经济发展不同状态下，总供给和总需求分别会成为矛盾的主要方面，比如，当经济处于短缺状态时，增加供给就成为矛盾的主要方面；当经济处于过剩状态时，创造需求就成为矛盾的主要方面。

当前和今后一段时期，受国际政治经济形势影响，我国经济在供给和需求两端都面临新情况、新问题。从供给侧来看，我国科技创新能力、产业和结构升级、资源环境约束、全要素生产提高等问题，还没有解决；从需求侧来看，国外需求不稳定且在收缩，国内超大规模市场优势没有发挥出来。这就要求我国在供给和需求两端同时发力，把实施扩大内需战略同深化供给侧结构性改革有机结合起来。这既是推动我国经济高质量发展的内在要求，也是推动中国式现代化的实践要求。因此，中央经济工作会议提出，要更好统筹供给侧结构性改革和扩大内需，通过高质量供给创造有效需求，支持以多种方式和渠道扩大内需。

以供给侧结构性改革为主线，按照高质量发展的要求，充分发挥创新第一动力作用，通过供给侧结构性改革来不断提升供给体系的质量和效率，尤其是应把发展的着力点放在实体经济上，以高质量产品和服务满足和创造高品质需求。同时，牢牢把握扩大内需这个战略基点，在高质量发展中完善收入分配制度，提高低收入群体的收入水平，提升人民群众的消费能力，形成真正的大规模的有效需求。供给侧和需求侧的有机结合，就是要提升供给体系对国内需求的适配性，形成需求牵引供给、供给创造需求的更高水平动态平衡。

在加快构建新发展格局中推动高质量发展。加快构建以国内大循环为主体、国内国际双循环相互促进的新发展格局，是以习近平同志为核心的党中央立足实现第二个百年奋斗目标、统筹发展和安全作出的重大战略决策，是为了把握未来发展的主动权而进行的重大战略部署，对于夯实经济发展根基、增强发展的安全性稳定性、增强我国经济抵御各种狂风暴雨和惊涛骇浪冲击的能力，意义十分重大。

新发展格局的核心要义是畅通经济循环，包括以国内大循环为主体、国内国际双循环相互促进。构建新发展格局最本质的特征是实现高水平自立自强。经济循环畅通不畅通，可以从两个层次来判断。第一个层次是市场经济运行层次，也就是从总供给和总需求之间的关系来判断。如果社会总供给和总需求之间是大体平衡的，表明经济循环是畅通的。但是，从供求关系的角度只能有效判断短期循环状态，而对于中长期经济循环状态，往往难以判断。所以，对经济循环的判断还有第二个层次的方法，即从国民经济生产、分配、流通、消费各个环节之间的关系是否顺畅来判断。这四个环节之间的关系具有中长期性。从这个层次来看，我国构建新发展格局面对的问题主要有：在生产环节上，高质量供给体系尚未形成，供给结构尚不合理，难以满足和创造高品质生活的需求；在分配环节上，收入分配差距较大、中等收入群体偏小，影响了消费能力和消费水平；在流通环节上，全国统一大市场尚未形成，尤其是一些重要的要素市场，还存在各种封闭的、各自为政的自我小循环市场，阻碍了我国超大规模市场优势的发挥；在消费环节上，除了消费能力不足、消费水平不高之外，还存在消费方式单一、绿色消费方式尚未形成等问题。从国内国际双循环角度看，受发达经济体单边主义、贸易保护主义的影响，我国产业链价值链安全受到威胁；受关键核心技术制约，我国在国际分工体系中处于产业链和价值链的中低端，严重影响了我国企业的经济效益和效率。

实现国民经济良性循环，从根本上需要尽快形成完整的内需体系。内需主要包括投资需求和消费需求两大部分，扩大内需，就是利用各种政策组合，刺激投资需求和消费需求。比如，近年来关于财政政策、货币政策、社会政策的导向，都是引导扩大内需的。在扩大内需中需要特别注意引导投资需求的方向。投资需求从一个角度看是构成了社会需求，因为企业投资就意味着要买东西，但是从另一个角度看，企业投资需求形成的结果是扩大供给。企业的消费属于中间消费，不是最终消费，这就意味着对企业投资需求要有引导性，需要通过目标、规划、财政政策、货币政策等，引导企业按照高质量发展的要求去投资、去生产。中央经济工作会议强调，政策性金融要加大对符合国家发展规划重大项目的融资支持，鼓励和吸引更多民间资本参与国家重大工程和补短板项目建设，意在于此。与之相适应，内需体系是一个系统工程，还要与加快现代化经济体系建设、推进城乡融合、推动高水平对外开放相结合。

（三）坚持把国家和民族发展放在自己力量的基点上

2022年7月26日，习近平总书记在省部级主要领导干部"学习习近平总书记重要讲话精神，迎接党的二十大"专题研讨班开班式上强调："坚持把国家和民族发展放在自己力量的基点上、把中国发展进步的命运牢牢掌握在自己手中。"[1]这一重要论述，实质上是对中国共产党独立自主、自力更生、依靠自己力量谋发

---

[1]《习近平在省部级主要领导干部"学习习近平总书记重要讲话精神，迎接党的二十大"专题研讨班上发表重要讲话强调　高举中国特色社会主义伟大旗帜　奋力谱写全面建设社会主义现代化国家崭新篇章》，《人民日报》2022年7月28日。

展这一宝贵历史经验的继承与发扬，同时揭示了新时代十年我国之所以发生一系列伟大变革的关键原因，为我们全面建设社会主义现代化国家、向第二个百年奋斗目标进军的新征程提供了根本遵循，指明了前进方向。

坚持把国家和民族发展放在自己力量的基点上，是对中国共产党宝贵历史经验的继承与发扬。从1921年以来，中国共产党历经百余年风风雨雨，不仅成功实现了从小到大、从弱到强的华丽蜕变，而且始终初心不改、矢志不移地带领中国人民朝着民族复兴的目标勇毅前行。中国共产党创造百年辉煌的成功秘诀是什么？一个重要的方面无疑是习近平总书记所指出的："坚持把国家和民族发展放在自己力量的基点上。"

中国共产党成立初期，由于照搬苏联中心城市暴动的模式，对共产国际的指示深信不疑，导致革命遭受挫折。直到遵义会议，以毛泽东同志为主要代表的中国共产党人才开启了党独立自主解决中国革命实际问题的崭新阶段。在那段烽火岁月中，无论是面对穷凶极恶的日本侵略者、狡猾的美帝国主义，还是国民党反动派，毛泽东始终强调要依靠自己手里的力量，要自力更生，通过自己组织的力量战胜敌人，坚决依靠人民。1945年8月，毛泽东明确表示："我们的方针要放在什么基点上？放在自己力量的基点上，叫做自力更生。"[1]正是在毛泽东这一理念的指导下，我们紧紧依靠人民，成功开辟了农村包围城市、武装夺取政权的中国革命道路，革命力量不断发展壮大，由弱转强，最终成功打败中外反动势力，推翻三座大山，建立了新中国，实现了民族独立、人民解放。其后，毛泽东将这一理念贯彻在社会主义革命和建设的实践中，团结带领广大人民群众，走出了一条符合中国国情的

---

[1] 《毛泽东选集》第4卷，人民出版社1991年版，第132页。

社会主义改造道路。1956年起，毛泽东明确提出要以苏联为鉴，独立自主地探索适合中国情况的社会主义建设道路。他认为，我们建设社会主义国家和革命年代一样，也应该以"自力更生为主，争取外援为辅"①。在这一理念的指导下，新中国成功打破了西方国家的封锁，经济实力显著增强，基本建立了独立的比较完整的工业体系和国民经济体系，工业成功实现了"从无到有"的转变，为开启新时期新道路奠定了重要的物质基础。同时，周恩来把独立自主、自力更生的思想创造性地运用于外交实践，将其作为新中国处理外交关系的基本立场。

改革开放新时期，以邓小平同志为主要代表的中国共产党人将我们党关于独立自主、自力更生的思想，贯彻于党和国家的各项工作中。在深刻总结我国社会主义建设正反两方面经验的基础上，以"摸着石头过河"的胆识与韧劲，成功开创了中国特色社会主义事业。1980年12月，邓小平在出席中共中央工作会议闭幕式时指出："要继续在独立自主、自力更生的前提下，执行一系列已定的对外开放的经济政策，并总结经验，加以改进。"②在党的十二大上，邓小平更是明确宣布将独立自主、自力更生作为我们的立足点。③他强调，中国的事情要按照中国的情况来办，要依靠中国人自己的力量来办。④此外，邓小平还根据全党工作重心转移的客观实际，对中国的外交战略和策略进行了重大调整，确立了独立自主的中国外交战略模式。中国共产党继续坚持和弘扬独立自主、自力更生这一宝贵的历史经验，不断推动中国特色社会主义现代化建设事业向前发展。

---

① 《毛泽东年谱（1949—1976）》第3卷，中央文献出版社2013年版，第370页。
② 《邓小平年谱（1975—1997）》上卷，中央文献出版社2013年版，第700页。
③ 《邓小平年谱（1975—1997）》下卷，中央文献出版社2013年版，第844页、936页。
④ 《邓小平年谱（1975—1997）》下卷，中央文献出版社2013年版，第844页、936页。

党的十八大以来，中国特色社会主义进入新时代。习近平总书记站在新的历史起点上，继承、丰富和发展了老一辈中国共产党人的思想，坚定不移地带领全党全国各族人民沿着独立自主、自力更生的道路砥砺前行，继续坚持和发展中国特色社会主义。在此期间，习近平总书记强调，要把国家和民族发展放在自己力量的基点上，指出，"独立自主是中华民族精神之魂，是我们立党立国的重要原则"，"自力更生是中华民族自立于世界民族之林的奋斗基点"[1]。

坚持把国家和民族发展放在自己力量的基点上，是新时代十年我国发生伟大变革的关键原因。党的十八大以来，我国发生了一系列伟大变革，取得了一系列伟大成就，攻克了许多难题，办成了许多大事要事，经受住了各种风险挑战和考验。我们之所以能取得这一系列令世人瞩目的辉煌成就，关键原因是始终坚持把国家和民族发展放在自己力量的基点上。

坚持把国家和民族发展放在自己力量的基点上，创立了习近平新时代中国特色社会主义思想。党的十八大以来，中国特色社会主义进入新时代，国内外形势变化之快、党和国家事业发展任务之重、各种矛盾困难风险挑战之多，可谓前所未有，因此也产生了许多亟待解答的中国之问、世界之问、人民之问、时代之问。为回应现实提出的重大理论和实践问题，以习近平同志为核心的党中央坚持把马克思主义基本原理同中国的具体实际相结合、同中华优秀传统文化相结合，运用马克思主义的立场、观点、方法，创立了习近平新时代中国特色社会主义思想，实现了马克思主义中国化新的飞跃。习近平新时代中国特色社会主义思想以

---

[1]《中共中央关于党的百年奋斗重大成就和历史经验的决议》，《人民日报》2021年11月17日。

"十个明确"、"十四个坚持"、十三个方面的重要论述等为主要内容，系统回答了新时代坚持和发展什么样的中国特色社会主义、怎样坚持和发展中国特色社会主义，建设什么样的社会主义现代化强国、怎样建设社会主义现代化强国，建设什么样的长期执政的马克思主义政党、怎样建设长期执政的马克思主义政党等重大时代课题，这是当代中国马克思主义、二十一世纪马克思主义，是中华文化和中国精神的时代精华。这一科学理论体系是在坚持和发展中国特色社会主义中应运而生的，其一经产生，又为新时代坚持和发展中国特色社会主义、为新时代国家建设和党的建设提供了根本指引，为实现中华民族伟大复兴中国梦提供行动指南，并为全人类共同应对全球性的挑战和问题贡献了中国智慧和中国方案。

坚持把国家和民族发展放在自己力量的基点上，实现经济高质量发展。党的十八大以来，在习近平经济思想的引领下，坚持党对经济工作的集中统一领导，结合国内外发展大势，形成了一系列关于我国经济发展全局的重大判断和论断，提出了一系列新理念新思想新战略。始终坚持以人民为中心的发展思想，充分发挥人民群众的主体作用，坚持在发展中保障和改善民生，全面部署坚决打赢脱贫攻坚战，带领全国人民步入全面小康社会。坚持适应把握引领经济发展新常态，把"创新、协调、绿色、开放、共享"这五大新发展理念贯彻到经济社会发展的全过程和各领域，面对全球市场萎缩的外部环境，充分发挥中国超大规模市场的优势，构建以国内大循环为主体，国内国际双循环相互促进的新发展格局，推动经济实现高质量发展。坚持全面深化改革，扩大开放，并以开放促改革、促发展、促创新、促合作，开创改革开放新局面。坚持供给侧结构性改革，实施创新驱动发展战略，深化要素市场化配置改革,加大人力资源培育力度,激发各类市场主体活力,持续推进"三去一降一补",优化市场供给结构。坚持把发展经济的着力点放在实体经济上,突出重点领域,优化支撑保障,在自立自强的基础上加快构建可靠可控的强大产业链,加强资源节约集约利用,全方位推进现代化经济体系建设。十年来,我国经济实力、科技实力、综合国力均跃上新的大台阶,经济发展实现了量质齐升,经济总量由53.9万亿元上升到114.4万亿元,占世界经济比重超过18%,人均国内生产总值从6300美元上升到超过1.2万美元,人民的生活水平显著提高。[1]我国历史性地解决了绝对贫困问题,创造了人类减贫史上的奇迹,并稳步朝着实现共同富裕的目标迈进。

坚持把国家和民族发展放在自己力量的基点上,开辟中国特色社会主义民主政治发展新境界。在建设社会主义民主政治、发展社会主义政治文明方面,始终坚持党的领导、人民当家作主、依法治国的有机统一,坚持立足中国的国情实际,不断完善和发展中国特色社会主义政治制度,全面推进社会主义民主政治制度化、规范化、程序化,开辟了中国特色社会主义民主政治发展新境界。注重吸收、借鉴人类政治文明的一切有益成果,但绝不照抄照搬他国的政治制度。积极稳妥地推进党的领导体制改革、政治制度改革,坚持和完善人民代表大会制度,不断健全人民当家作主的制度体系。新时代十年伟大变革,人民当家作主的内涵不断丰富、人民当家作主的渠道不断拓宽、人民当家作主的效能不断提升,中国民主不断向前推进。积极发展全过程人民民主,将社会主义民主具体生动地体现在人民当家作主的全过程各环节,

---

[1] 国家发展和改革委员会:《完整、准确、全面贯彻新发展理念 谱写社会主义现代化建设新篇章》,《求是》2022年第16期。

创新了中国共产党人民民主理论，在大力推动中国发展与民族复兴的同时，丰富了人类政治文明新形态。坚持依法治国，建设社会主义法治国家，推进国家治理体系和治理能力现代化，党和国家机构改革迈出重大步伐。坚持和完善中国共产党领导的多党合作和政治协商制度，坚持巩固和发展最广泛的爱国统一战线，牢牢把握大团结大联合的主题，高度重视统战工作，广聚天下英才，共筑中国梦。

坚持把国家和民族发展放在自己力量的基点上，推进社会主义文化强国建设。党领导人民始终坚持马克思主义在意识形态领域的指导地位并将其确立为我国的根本制度，不断健全落实意识形态工作责任制，加快构建中国特色哲学社会科学，繁荣发展中国学术理论，增强意识形态领域的主导权和话语权，及时将马克思主义中国化最新成果全面融入教育教学之中，学校思想政治教育工作持续得到加强和改进，意识形态领域的整体形势发生了全局性、根本性的转变。立足中华优秀传统文化和革命文化，以党员干部带头、感召带动群众的方式，培育和践行社会主义核心价值观，用社会主义核心价值观引领新时代文化建设，将社会主义核心价值观融入社会生活的各个方面，扎实推进公民道德建设，实施文明创建工程，社会文明程度不断提高。不断深化社会主义文化体制改革，健全现代文化产业体系，提升公共文化服务水平，大力发展社会主义先进文化。中国文化建设提升到了新的历史高度，文化软实力和中华文化影响力大幅提升，全党全国各族人民的文化自信明显增强，全社会凝聚力和向心力极大提升。我们所构筑的中国精神、中国价值，也成为战胜各种风险挑战的强大精神力量。

坚持把国家和民族发展放在自己力量的基点上，在发展中不断加强以民生为重点的社会建设。在社会建设方面，党领导人民坚持以人民为中心的发展思想，推动经济持续健康发展的同时不断增进民生福祉，通过实施脱贫攻坚工程，强化就业优先政策，完善收入分配体系，优先发展教育事业，加强高质量教育体系建设、养老服务体系建设、健康中国建设、体育强国建设等一系列政策措施，全方位改善人民生活水平，补齐民生保障短板，推进基本公共服务均等化，促进社会公平正义。持续创新社会治理体制，推进国家治理现代化，坚持和发展新时代"枫桥经验"，不断完善社会治安防控体系、应急管理体系，正确处理新形势下人民内部矛盾有效机制和社会心理服务体系，社会治理社会化、法治化、智能化、专业化水平大幅度提升，稳步构建基层社会治理新格局。新时代的十年，交出了一份亮眼的成绩单：打赢了脱贫攻坚战，如期实现了全面建成小康社会的宏伟目标，建成了世界上规模最大的社会保障体系，交通出行更加便捷，农民工外出就业渠道更加畅通，生育、养育、教育等政策的配套措施更加完善，人民更加安居乐业，社会更加和谐有序，社会建设全面加强。

坚持把国家和民族发展放在自己力量的基点上，美丽中国建设迈出重大步伐。生态文明建设功在当代、利在千秋，是关乎中华民族永续发展的千年大计。党的十八大以来，以习近平同志为核心的党中央站在党和国家事业发展全局的战略高度，把生态文明建设摆在全局工作的突出位置，以前所未有的力度抓生态文明建设。2012年，党的十八大报告明确宣布把生态文明建设纳入中国特色社会主义事业五位一体总体布局，首次提出建设"美丽中国"这一宏伟目标，并把"中国共产党领导人民建设社会主义生态文明"写入党章。2018年，生态文明正式写入我国宪法。这一系列重大战略部署，表明了我们加强生态文明建设的坚定意志和坚强决心。十年来，坚持绿水青山就是金山银山的理念，牢固树立尊重自然、顺应自然、保护自然的生态文明理念，坚持节约资源和保护环境的基本国策，系统谋划生态文明体制改革，加大生态系统保护力度，深入打好污染防治攻坚战，着力推进绿色发展、循环发展、低碳发展，推动形成绿色发展方式和生活方式，提高环境治理水平，加快构建生态文明体系，努力建设资源节约型、环境友好型社会，建设人与自然和谐共生的现代化，同时积极参与全球环境治理，落实减排承诺。十年间，我国生态环境保护发生了历史性、转折性、全局性变化：天更蓝、山更绿、水更清、空气更清新、土壤更安全、生态环境更优美，城乡环境更宜居，污染物排放持续下降，能耗物耗持续降低，人民的环保意识持续增强，美丽中国建设迈出重大步伐，成为全球生态文明建设的重要参与者、贡献者、引领者。

坚持把国家和民族发展放在自己力量的基点上，是再创历史伟业的必然要求。长期以来，坚持把国家和民族发展放在自己力量的基点上，使我国取得了伟大的成就。要继续把我们自己的事情做好，就必须科学谋划目标任务和大政方针，坚持做到以下几个方面：

一是要坚持党的全面领导。中国共产党是中国人民最可靠的主心骨，是中国特色社会主义事业的领导核心，发挥着把方向、谋大局、定政策、促改革的作用，具有无比坚强的领导力。中国共产党领导是中国特色社会主义最本质的特征，是中国特色社会主义制度的最大优势。我们要紧密团结在以习近平同志为核心的党中央周围，充分发挥党总揽全局、协调各方的领导核心作用，科学谋划目标任务和大政方针。

二是要立足我国的国情实际。在谋划经济发展的目标任务和大政方针时，要充分考虑国际环境的不稳定性和不确定性因素，最大程度激发我国国内各类主体的活力和创造力，综合施策释放消费潜力，促进消费持续恢复，拓展投资空间，加快培育完整的内需体系，强化国内大循环的主导作用，推进全国统一大市场建设，依托国内经济循环体系形成全球资源要素强大引力场，促进国内国际双循环，加快培育参与国际合作和竞争的新优势。在谋划政治发展的目标任务和大政方针时，要保持政治定力，以高度的政治自信和历史自觉，牢牢把握中国社会主义民主政治发展的主动权，不为西方形形色色的资产阶级民主所迷惑，扎根中国土壤、汲取养分，坚持走中国特色社会主义政治发展道路。在谋划文化发展的目标任务和大政方针时，要坚定不移走中国特色社会主义文化发展道路，大力挖掘中华文明5000多年积淀的精华，把弘扬中华优秀传统文化和马克思主义立场观点方法结合起来，用社会主义核心价值观引领社会思潮，凝聚社会共识，激发全民族文化创新创造的活力，持续提高精神文明建设水平。在谋划社会发展的目标任务和大政方针时，始终坚持以人民为中心的思想，坚持人民主体地位，注重察民情、听民声、汇民意、聚民智、解民忧、纾民困、暖民心，同时不断巩固蓝天、碧水、净土保卫战的成果，促进生产生活方式绿色转型，使发展成果更多更公平惠及全体人民，续写社会长期稳定奇迹。

三是要坚持依靠人民群众。中国共产党来自人民，扎根于人民，根基和血脉在人民。人民群众是历史的创造者，是真正的英雄。过去5000多年的中华民族发展史是由人民书写的，中国共产党百年辉煌是由人民铸就的，新时代再创历史伟业也必须依靠人民。从而，在科学谋划党和国家事业发展的目标任务和大政方针时，必须坚持全心全意为人民服务的根本宗旨，站稳人民立场，始终把人民的利益放在第一位，真心实意为人民群众谋利益，做人民利益的忠实代表，继续赢得人民的信任，获得人民的支持。同时，要继续营造良好环境，完善相关体制机制，坚持"从群众中来，到群众中去"这一领导方法和工作方法，最大程度激发人民群众的积极性、主动性、创造性，不断增强人民群众的历史责任感和主人翁精神，不断凝聚14亿多中国人民的智慧和力量，始终同人民群众站在一起、想在一起、干在一起，始终与人民群众心连心、肩并肩、团结奋斗，推动党和国家各项事业不断向前发展。

不断开辟马克思主义中国化时代化新境界，要坚持把国家和民族发展放在自己力量的基点上。"马克思主义是我们立党立国的根本指导思想，是我们党的灵魂和旗帜"[1]。一百多年来，中国共产党坚持在中国革命和建设的实践中不断推进马克思主义中国化时代化，为党和人民的事业发展提供了科学理论指导。理论的生命力在于创新。必须继续推进理论创新，进行理论创造，并坚持用党的创新理论最新成果来武装头脑、指导实践、推动工作。为此，我们必须准确深刻地把握习近平新时代中国特色社会主义思想的世界观和方法论，把马克思主义基本原理同中国的具体实际相结合，同中华优秀传统文化相结合，立足中国的国情实际，敏锐洞察时代的新变化、实践的新要求，正确分析把握历史发展大势，运用贯穿于习近平新时代中国特色社会主义思想的立场观点方法回答理论和实践提出的重大课题，处理好国家和民族发展中的重要关系，着力破解难题。同时，坚持用马克思主义真理的力量激活中华优秀传统文化，推动中华优秀传统文化实现创

---

[1] 习近平：《在庆祝中国共产党成立100周年大会上的讲话》，人民出版社2021年版，第12页。

造性转化和创新性发展，使之再次迸发出强大的精神力量，团结带领中国人民不断进行伟大斗争，推进伟大社会革命。简而言之，要"用鲜活丰富的当代中国实践来推动马克思主义发展，用宽广视野吸收人类创造的一切优秀文明成果"①，坚持在创新中发展、在发展中创新，不断深化对共产党执政规律、社会主义建设规律和人类社会发展规律的认识。这既是马克思主义与时俱进的理论品质的内在要求，也是中国共产党人的神圣职责。

解决不平衡不充分的发展问题，要坚持把国家和民族发展放在自己力量的基点上。在省部级主要领导干部专题研讨班上的重要讲话中，习近平总书记强调，要紧紧抓住解决不平衡不充分的发展问题，着力在"补短板、强弱项、固底板、扬优势"上下功夫，研究提出解决问题的新思路、新举措，"坚持用发展的办法解决发展不平衡不充分问题"。②

要坚持把国家和民族发展放在自己力量的基点上，保持"逢山开路、遇河架桥"的干劲和闯劲，准备付出更为艰巨、更为艰苦的努力，准备直面具有许多新的历史特点的伟大斗争。在以习近平同志为核心的党中央的坚强领导下，在全党全国各族人民的共同努力下，全面建设社会主义现代化国家，以中国式现代化全面推进中华民族伟大复兴的蓝图一定能够实现！

（四）中国式现代化彰显历史的必然性和多样性

现代化是一个涉及生产、生活、发展、治理等各领域变革的总体历史进程。习近平总书记指出："世界上既不存在定于一尊

---

① 习近平：《在纪念马克思诞辰200周年大会上的讲话》，人民出版社2018年版，第27页。
② 习近平：《在全国脱贫攻坚总结表彰大会上的讲话》，人民出版社2021年版，第16页。

的现代化模式,也不存在放之四海而皆准的现代化标准。"①现代化模式不是固定的、抽象的、线性的,而是历史的、具体的、多样的。科学认识和准确把握以中国式现代化道路全面推进中华民族伟大复兴彰显的历史必然性和规律性,最为重要的是以"历史转变为世界历史"的大历史观为出发点,从改变"东方从属于西方"的历史境遇和奋斗历程看中国式现代化,从实现"中华民族伟大复兴"的历史使命和现实基础看中国式现代化,从建设"中国特色社会主义"的创新实践和理论创造看中国式现代化,从弘扬"全人类共同价值"和创造"人类文明新形态"的世界意义和人类未来看中国式现代化。

从党史上看,中国式现代化是中国共产党一以贯之、接续发展的历史产物、实践产物。中国共产党自成立以来,就始终将为中国人民谋幸福、为中华民族谋复兴视作自己的初心和使命,以实现中华民族伟大复兴为一切奋斗、一切牺牲、一切创造的主题,根据不同历史时期的具体特点开展现代化建设。中国共产党是创造与发展中国式现代化的坚强领导力量,坚持中国共产党领导是中国式现代化取得历史性成就的根本原因。党的领导直接关系中国式现代化的根本方向、前途命运、最终成败。只有毫不动摇坚持党的领导,中国式现代化才能前景光明、繁荣兴盛;否则就会偏离航向、丧失灵魂,甚至犯颠覆性错误。

从新中国史上看,新中国的成立及其所开启的建设与改革实践为中国式现代化发展奠定了坚实历史基础。新中国成立特别是改革开放以来,我们用几十年时间走完西方发达国家几百年走过

---

① 《习近平在省部级主要领导干部"学习习近平总书记重要讲话精神,迎接党的二十大"专题研讨班上发表重要讲话强调 高举中国特色社会主义伟大旗帜 奋力谱写全面建设社会主义现代化国家崭新篇章》,《人民日报》2022年7月28日。

的工业化历程,创造了经济快速发展和社会长期稳定的奇迹,为中华民族伟大复兴开辟了广阔前景。一个国家走向现代化,既要遵循现代化一般规律,更要符合本国实际,具有本国特色。中国式现代化既有各国现代化的共同特征,更有基于自己国情的鲜明特色。实践证明,中国式现代化走得通、行得稳,是强国建设、民族复兴的唯一正确道路。①

从改革开放史上看,改革开放是决定当代中国命运的关键一招,是决定实现"两个一百年"奋斗目标、实现中华民族伟大复兴的关键一招。回望过去,改革开放推动了中国现代化的壮阔进程,为实现中华民族伟大复兴提供充满新的活力的体制保证和快速发展的物质条件。特别是随着中国特色社会主义进入新时代,以习近平同志为核心的党中央深入推进中国式现代化的理论创新与实践创造,丰富和拓展了中国式现代化的内涵与外延,深入探索中国式现代化的中国特色与本质要求,为推动中华民族伟大复兴进入不可逆转的历史进程,提供了更为完善的制度保证、更为坚实的物质基础、更为主动的精神力量。面向未来,实现中国式现代化、推进中华民族伟大复兴,必然要坚定不移全面深化改革开放。

从社会主义发展史上看,苏联模式对于社会主义现代化作出了重要探索,但是并没有最大限度发挥社会主义制度对于现代化发展的推动作用,没有全面展现社会主义现代化的历史伟力。邓小平强调:"我们过去照搬苏联搞社会主义的模式,带来很多问题。我们很早就发现了,但没有解决好。我们现在要解决好这个问题,我们要建设的是具有中国自己特色的社会主义。"中国式

---

① 《习近平在学习贯彻党的二十大精神研讨班开班式上发表重要讲话强调　正确理解和大力推进中国式现代化》,《人民日报》2023年2月8日。

现代化是社会主义现代化的崭新形式。其本质就是社会主义现代化，坚持科学社会主义的理论内核与实践要求，但绝不是任何既往现代化模式的"再版""翻版"，而是始终坚持走自己的路，使中国特色社会主义成为振兴世界社会主义的中流砥柱。这在五百多年的社会主义发展史上具有里程碑式意义。

从中华民族发展史上看，中国式现代化道路是在对中华民族5000多年悠久文明历史的传承中走出来的现代化发展道路。中华文明源远流长、博大精深，有着兼容并蓄、薪火相传的优秀文化传统，有着讲仁爱、重民本、守诚信、崇正义、尚和合、求大同的思想观念、人文精神和道德规范，体现着中华民族世世代代在生产、生存、生活中形成和传承的世界观、人生观、价值观、道德观等，为中华民族生生不息、发展壮大提供了丰厚滋养，成为中国式现代化道路的文化底蕴和文明根基。中华文化和中华文明为中国共产党带领中国人民开创适合中国国情的中国式现代化道路提供了不竭的精神动力。中国式现代化道路也正是在马克思主义基本原理同中国具体实际相结合、同中华优秀传统文化相结合的伟大实践中开创出来的。在推动实现中华民族伟大复兴的历史进程中，中国式现代化赋予中华文明以现代力量，中华文明赋予中国式现代化以深厚底蕴。中国式现代化是中华民族的旧邦新命，必将推动中华文明重焕荣光。①

从人类文明发展史上看，西方率先享受到现代化成果，但并不意味着西方的发展模式、价值观念、制度体系和治理体系是实现现代化的唯一标准和样式。西方现代化道路并没有结束人类对现代化的探索，西方的现代性文明并不构成"历史的终结"。因各国国情、文化传统、历史命运不同，通向现代化的道路不可避

---

① 习近平：《在文化传承发展座谈会上的讲话》，《求是》2023年第17期。

免地表现出多样性。中国式现代化创造出不同于资本主义文明的现代文明新形态，推动构建人类命运共同体，弘扬全人类共同价值，塑造了中国式现代化的文明特质，彰显了中国道路的历史进步性、实践合理性和巨大优越性，破除了西方"现代化=西方化""文明优越论""文明冲突论"等迷思，给那些正处于追求现代化进程中的国家和人民提供了重要启迪。中国式现代化是民族的又是世界的，中国式现代化的特殊性寓于世界现代化的普遍性之中。中国式现代化自身特色与世界现代化共同特征有机结合，深刻彰显着党和人民创造的人类文明新形态及其对人类社会发展作出的世界性贡献。

后 记

　　党的二十大深刻阐释了中国式现代化的中国特色、本质要求和必须牢牢把握的重大原则，擘画了全面建设社会主义现代化国家、以中国式现代化全面推进中华民族伟大复兴的宏伟蓝图。2023年2月，在新进中央委员会的委员、候补委员和省部级主要领导干部学习贯彻习近平新时代中国特色社会主义思想和党的二十大精神研讨班上，习近平总书记强调："中国式现代化蕴含的独特世界观、价值观、历史观、文明观、民主观、生态观等及其伟大实践，是对世界现代化理论和实践的重大创新。"习近平总书记关于中国式现代化的一系列重要论述，是对中国式现代化理论的极大丰富和发展，具有很强的政治性、理论性、针对性、指导性。

　　为了帮助广大干部群众更加全面准确地把握中国式现代化，在中共重庆市委常委、宣传部部长姜辉同志亲自主持指导、亲自组织推动下，中共重庆市委宣传部、重庆出版集团围绕"六观"开展专题研究，并策划出版系列丛书，力争推出在全国有影响力、具有重庆标识性的理论成果。我们荣幸参与其中，并承担"历史观"卷的撰写任务。无论是立意酝酿、大纲起草，还是书稿撰写、专家送审，姜辉同志都在百忙之中亲自审读修改、倾心指导关怀，为本套丛书编写、出版工作把好政治关、学术质量关提供了根本保证。中共重庆市委宣传部和重庆出版集团数次组织召开大纲研讨会、书稿审读会，课题组各位专家学者给予了大力指导和热情帮助。

　　撰写、修改完善"历史观"卷书稿的过程，也是我们不断深入学习习近平新时代中国特色社会主义思想，特别是习近平总书记关于中国式现代化重要论述精神的过程。历史观是人们关于人类社会历史的总的看法和根本观点。唯物史观把实践的唯物主义的原则贯彻到社会历史领域，对历史观基本问题予以科学解答，揭示了人类社会历史的实践本质及发展的一般规律，为无产阶级政党和人民群众认识世界和改造世界提供了科学世界观和方法论。我们在撰写过程中，坚持以马克思主义唯物史观为指导，牢固树立正确党史观，用大历史观看待中国式现代化，研究中国式现代化中蕴含的历史观，系统总结中国式现代化的历史进程、发展规律，深刻揭示以中国式现代化全面推进中华民族伟大复兴具有的重要理论和现实意义。在本书的撰写过程中，除了已列出的主要注释和参考资料外，还参考、吸收了一些专家在网络上的研究成果，没有一一列出，在此予以特别说明和感谢。

在书稿送审过程中，中国社会科学院哲学研究所冯颜利研究员，历史理论研究所左玉河研究员悉心审读全部书稿，并提出许多宝贵意见、建议。我们都一一消化、吸收并修改完善。在本书出版过程中，中共重庆市委宣传部、重庆出版集团相关同志秉持高水准的职业素养和专业精神，对书稿进行了严谨细致的审阅、编辑、校对，为书稿的顺利出版发挥了重要作用。在此一并致以诚挚谢意。因时间仓促和水平所限，书中难免错漏、不当之处，敬请专家学者批评指正。

历史照亮未来，征程未有穷期。让我们共同在中国式现代化的康庄大道上砥砺前行，在强国建设、民族复兴的伟大进程中书写新的时代华章。

2023年9月10日于北京旌勇里